DIREITO CIVIL – 2
OBRIGAÇÕES

SÍLVIO LUÍS FERREIRA DA ROCHA

DIREITO CIVIL – 2
OBRIGAÇÕES

DIREITO CIVIL – 2
OBRIGAÇÕES

© SÍLVIO LUÍS FERREIRA DA ROCHA

ISBN: 978-85-392-0004-7

Direitos reservados desta edição por
MALHEIROS EDITORES LTDA.
Rua Paes de Araújo, 29, conjunto 171
CEP 04531-940 – São Paulo – SP
Tel.: (11) 3078-7205 – Fax: (11) 3168-5495
URL: www.malheiroseditores.com.br
e-mail: malheiroseditores@terra.com.br

Composição
Acqua Estúdio Gráfico Ltda.

Capa
Criação: Vânia Lúcia Amato
Arte: PC Editorial Ltda.

Impresso no Brasil
Printed in Brazil
02.2010

À Eliane, meu amor.
A meus filhos Bruno e Carlos Eduardo.
Aos queridos sobrinhos Ana Clara, Thaiany e Guilherme.

SUMÁRIO

Capítulo 1 – **DIREITO DAS OBRIGAÇÕES**
1. Generalidades 15
2. Conceito 16
3. A obrigação como processo 17
   3.1 Deveres de prestação 18
   3.2 Deveres de conduta 19
4. Significados da palavra "obrigação" 20
   4.1 Distinções entre obrigação e dever, sujeição e ônus jurídico .. 20
5. Direitos reais e pessoais 21
   5.1 Obrigações "propter rem" 22
   5.2 Ônus reais 22
   5.3 Obrigações com eficácia real 23

Capítulo 2 – **PRINCÍPIOS APLICÁVEIS AO DIREITO DAS OBRIGAÇÕES** 24
1. Princípio da autonomia privada 24
2. Princípio da boa-fé 24
   2.1 A boa-fé no Direito Romano 25
   2.2 A boa-fé na cultura germânica 27
   2.3 A boa-fé canônica 27
   2.4. A boa-fé objetiva 28
      2.4.1 As funções da boa-fé objetiva 29

  2.4.1.1 Função hermenêutico-integrativa do contrato ... 29
  2.4.1.2 A boa-fé e a criação de deveres jurídicos 29
  2.4.1.3 A boa-fé como limite ao exercício de direitos subjetivos 31

Capítulo 3 – ELEMENTOS E PRESSUPOSTOS DA OBRIGAÇÃO

1. Elementos constitutivos da relação obrigacional 32
2. Elemento subjetivo 32
3. Elemento material ou conteúdo 33
4. Vínculo jurídico 37
5. Forma 40

Capítulo 4 – FONTES DA OBRIGAÇÃO 41

Capítulo 5 – CLASSIFICAÇÃO DAS OBRIGAÇÕES 44

Capítulo 6 – OBRIGAÇÕES DE DAR, DE FAZER E DE NÃO FAZER

1. Obrigações de dar
 1.1 Noções gerais 46
 1.2 Espécies 46
 1.3. Obrigação de dar coisa certa 47
  1.3.1 Atribuição dos riscos 49
  1.3.2 Atribuição dos cômodos 50
 1.4 Obrigação de restituir 51
  1.4.1 Atribuição dos riscos 52
  1.4.2 Atribuição dos cômodos 52
 1.5 Obrigações pecuniárias 53
 1.6 Obrigação de dar coisa incerta
  1.6.1 Conceito 53

1.6.2 Indicação do gênero e da quantidade 54
1.6.3 Classificação 55
1.6.4 A questão da escolha 56
2. Obrigações de fazer 58
2.1 Conceito 58
2.2 Espécies 60
2.3 Conseqüências do descumprimento das obrigações de fazer .. 61
3. Obrigações de não fazer
3.1 Conceito 62
3.2 Descumprimento das obrigações de fazer 63

CAPÍTULO 7 – **OBRIGAÇÕES CUMULATIVAS, ALTERNATIVAS, FACULTATIVAS, DIVISÍVEIS, INDIVISÍVEIS E SOLIDÁRIAS**

1. Obrigações cumulativas 66
2. Obrigações alternativas
2.1 Conceito e noções gerais 67
2.2 Conseqüências da impossibilidade superveniente das prestações 72
3. Obrigações facultativas
3.1 Conceito 75
3.2 Diferenças com as obrigações alternativas 75
4. Obrigações divisíveis ou indivisíveis 76
4.1 Interesse da divisão 76
4.2 Regime da divisibilidade 77
4.3 Regime da indivisibilidade
4.3.1 Pluralidade de devedores ou concurso passivo 77
4.3.2 Pluralidade de credores ou concurso ativo 79
4.3.3 Relações internas entre credores 81
5. Obrigações solidárias
5.1 Considerações gerais 81

5.2 *Conceito* 82
5.3 *Natureza jurídica* 82
5.4 *Pontos fundamentais* 83
5.5 *Princípios que regem a solidariedade* 84
    5.5.1 *Espécies* 84
        5.5.1.1 Solidariedade ativa (multiplicidade de credores) . 84
        5.5.1.2 Solidariedade passiva 87
        5.5.1.3 Impossibilidade da prestação 89
        5.5.1.4 Defesa do devedor 89

CAPÍTULO 8 – **TRANSMISSÃO DAS OBRIGAÇÕES** 91
1. Cessão de crédito
    1.1 Conceito 91
    1.2 Espécies 92
    1.3 Partes 92
    1.4 Pressupostos 92
    1.5 Forma 92
    1.6 Proteção do devedor 93
    1.7 Efeitos da cessão de crédito 93
2. Assunção de dívida
    2.1 Conceito 95
    2.2 Espécies 96
        2.2.1 *Expromissão* 96
        2.2.2 *Delegação* 97
            2.2.2.1 Espécies 97
            2.2.2.2 Relações na delegação 98

CAPÍTULO 9 – **PAGAMENTO OU CUMPRIMENTO**
1. Considerações gerais 99
2. Princípios informativos do cumprimento 100
3. Requisitos do cumprimento 101

4. Regras do cumprimento 101
 4.1 Quem deve cumprir a prestação 102
 4.2 Quem pode cumprir a prestação 102
 4.3 A quem pode ser feita a prestação 103
 4.4 Lugar do pagamento 104
 4.5 Tempo do cumprimento 105
 4.6 Objeto e prova do pagamento 108

CAPÍTULO 10 – **PAGAMENTOS ESPECIAIS** 109
1. Pagamento por consignação
 1.1 Conceito 109
 1.2 Espécies 110
 1.3 Pressupostos 110
 1.4 Requisitos de validade da consignação 112
 1.5 Comportamento do credor 112
 1.6 Efeitos 113
 1.7 Disposições processuais 113
2. Pagamento com sub-rogação
 2.1 Conceito 113
 2.2 Espécies 114
 2.3 Efeitos
  2.3.1 Eficácia da sub-rogação 115
  2.3.2 Limite da transferência: a regra da proporcionalidade . 116
  2.3.3 Aplicabilidade à sub-rogação convencional 116
 2.4 Preferência do credor originário 116
3. Imputação ao pagamento
 3.1 Conceito 117
 3.2 Requisitos 117
 3.3 Espécies 118
 3.4 Efeito da imputação 118

4. Dação em pagamento
    4.1 Conceito 119
    4.2 Natureza jurídica 119
    4.3 Requisitos 120
    4.4 Efeitos 120
    4.5 Distinção com a dação em função de cumprimento ("datio pro solvendo") 120
    4.6 Disposições legais a respeito 121

Capítulo 11 – *EXTINÇÃO DAS OBRIGAÇÕES SEM PAGAMENTO: NOVAÇÃO, COMPENSAÇÃO, CONFUSÃO E REMISSÃO*

1. Novação
    1.1 Conceito 122
    1.2 Requisitos 122
    1.3 Espécies de novação 123
    1.4 Efeitos da novação 124

2. Compensação
    2.1 Conceito 124
    2.2 Fins 124
    2.3 Espécies 124
        2.3.1 *Compensação legal* 125
            2.3.1.1 Pressupostos da compensação legal 125
            2.3.1.2 Efeitos 125
        2.3.2 *Compensação convencional* 125
        2.3.3 *Compensação judicial* 126
    2.4 Dívidas não compensáveis 126
    2.5 Compensação e direito de terceiros 126

3. Confusão
    3.1 Conceito 126
    3.2 Efeitos 127

3.3 Pressupostos da confusão 129
4. Remissão das dívidas
    4.1 Conceito 129
    4.2 Requisitos 130
    4.3 Efeitos 130
    4.4 Espécies 130
    4.5 Direito de resistência 131

CAPÍTULO 12 – **MORA** 132
1. Conceito 132
2. Espécies 133
    2.1 Requisitos da mora do devedor 133
        2.1.1 Efeitos da mora do devedor 134
        2.1.2 Purgação ou emenda da mora 134
    2.2 Requisitos da mora do credor
        2.2.1 Falta de cooperação do credor nas obrigações quesíveis ("quérables") 135
        2.2.2 Recusa injusta do credor em receber a prestação nas obrigações portáveis ("portables") 135
        2.2.3 Efeitos da mora do credor (CC, art. 400) 135
        2.2.4 Purgação da mora do credor 136

CAPÍTULO 13 – **INADIMPLEMENTO**
1. Conceito 137
2. Espécies de inadimplemento 138
    2.1 Inadimplemento não imputável ao devedor (não culpável) .. 138
        2.1.1 Efeitos da impossibilidade da prestação não imputável ao devedor 141
    2.2 Incumprimento imputável ao devedor 142
    2.3 Outras opções a cargo do credor 145

2.4 *Cumprimento defeituoso*
    2.4.1 *Noção* 146
    2.4.2 *Dificuldades* 146
    2.4.3 *Conseqüências* 147

Capítulo 14 – **CLÁUSULA PENAL**
1. Conceito 148
2. Funções da cláusula penal 148
3. Pressupostos de incidência da cláusula penal (CC, art. 408) .. 149
4. Espécies 149
    4.1 Cláusula penal moratória 149
    4.2 Cláusula penal compensatória 150

Capítulo 15 – **DAS ARRAS OU SINAL**
1. Conceito 152
2. Mudanças do Código Civil de 2002 153
3. Espécies de arras 153
    3.1 Arras confirmatórias 153
    3.2 Arras penitenciais 155

Bibliografia 157

Capítulo 1
DIREITO DAS OBRIGAÇÕES

1. Generalidades. 2. Conceito. 3. A obrigação como processo: 3.1 Deveres de prestação – 3.2 Deveres de conduta. 4. Significados da palavra "obrigação": 4.1 Distinções entre obrigação e dever, sujeição e ônus jurídico. 5. Direitos reais e pessoais: 5.1 Obrigações "propter rem" – 5.2 Ônus reais – 5.3 Obrigações com eficácia real.

1. Generalidades

Ao ser humano não foi dada a opção de viver isoladamente. A sua existência é compartilhada com outros seres humanos. O ser humano vive em sociedade.

O ser humano procura assegurar para si os bens necessários à conservação de sua existência. Como o ser humano pode assegurar os bens necessários a sua subsistência? Pode fazê-lo de três modos: dois deles são resultado dos fatos históricos e o outro não.

O primeiro desses modos pode ser denominado de auto-suficiente. Por esse modelo o ser humano seria auto-suficiente, capaz de assegurar por si a sua subsistência. Este modelo é utópico e ainda não foi realizado concretamente.

O segundo pode ser chamado de modelo de sujeição. Por esse modelo o ser humano é colocado em estado de sujeição em relação ao outro, que o serve, como na escravidão.

O terceiro dos modos chamamos de cooperativo. Nesse modo há a colaboração entre os seres humanos. Seria o campo por excelência do direito das obrigações. Pela cooperação o ser humano satisfaz às suas necessidades.

O *direito das obrigações* disciplina os instrumentos jurídicos postos a serviço do modelo cooperativo de viabilização da existência humana.

2. Conceito

Tem grande importância para nosso estudo o conceito de *obrigação*, na verdade o objeto do estudo do direito das obrigações. Este conceito pode ser encontrado no Direito Romano em duas passagens.

A primeira, nas Institutas, III, 13: "A obrigação é um vínculo jurídico pela qual estamos obrigados a pagar alguma coisa, segundo o direito de nossa cidade". Esta passagem, atribuída por alguns a Florentino e por outros a Pompônio, segundo Demogue (citado por Washington de Barros Monteiro), fez fortuna. Nela transparece a extraordinária qualidade da concisão: a relação entre credor e devedor é caracterizada como *vínculo jurídico*; evidencia-lhe o conteúdo como uma *prestação* (pagar alguma coisa); externa-lhe, outrossim, a natureza íntima através da *coercibilidade* (estar obrigados a).[1]

A segunda, num fragmento atribuído a Paulo no *Digesto* XLIV, 7, 3, pr.: "A essência da obrigação não consiste em nos tornar proprietários ou em nos fazer adquirir uma servidão, mas em obrigar alguém a nos dar, fazer ou prestar alguma coisa". Essa definição descreve com maior precisão o conteúdo e o objeto do vínculo e revela ser o vínculo entre duas pessoas a essência do conceito de obrigação.

Primitivamente, no Direito Romano, tal vínculo entre duas pessoas, essência do conceito, não era designado pelo vocábulo *obligatio*, mas sim *nexum*, derivado do verbo *nectere* (atar, unir, vincular), que, por sua vez, representa a sujeição do devedor ao credor. A obrigação primitiva caracterizava-se como direito de garantia sobre a pessoa do devedor e, nesse caso, a soma por ele devida constituía o preço do resgate. O não pagamento da dívida no prazo determinado permitia ao credor voltar-se contra a pessoa do devedor, privando-o da liberdade e até mesmo da vida. Nesse tempo a palavra *vínculo* (atada) não era uma simples imagem de linguagem, mas revelava que uma pessoa se achava em poder de outra como refém por não haver pagado a dívida. O cum-

---

1. Washington de Barros Monteiro, *Curso de Direito Civil*, vol. 4, p. 4.

primento da prestação não era tanto a realização do ato devido, mas a possibilidade de obter a liberdade da pessoa obrigada.

Só depois surgiu a palavra *obligatio* (do latim *ob ligatio*), que denota a idéia de liame, e que abrandou paulatinamente o rigor sobre a pessoa do devedor. A lei Poetelia Papiria de 326 a.C. excluiu a pessoa do devedor da execução e esta passou a recair exclusivamente sobre os seus bens.

Pothier, considerado o pai do moderno direito obrigacional, definiu obrigação como um vínculo de direito que nos obriga para com outrem lhe dar, ou a fazer ou não fazer alguma coisa. Em suas palavras, "un lien de droit, que nous astreint envers un autre a lui donner quelque chose, ou à faire ou à ne pas faire quelque chose".[2]

Obrigação, nos séculos XIX e XX, foi definida como a relação jurídica pela qual uma pessoa, chamada de *devedor*, compromete-se à prática de um comportamento, chamado *prestação*, que se resume a um dar, fazer (natureza positiva) ou a um não fazer (natureza negativa), em favor de outra pessoa, denominada *credor*, sob pena de responder com o seu patrimônio.

3. A *obrigação como processo*

A idéia prevalente no conceito de obrigação, até agora examinado, recorre ao artifício de compará-la a um vínculo que une duas pessoas, algo que ata ou prende uma à outra, até ser desfeito pelo cumprimento do comportamento esperado. Essa noção deita raízes nas fontes históricas da Ciência do Direito, mas mostra-se ultrapassada, não tanto pela idade que apresenta, mas pelo fato de ser incapaz de explicar vários fenômenos, entre eles, o do contrato como fonte de obrigações, ao estabelecer para as partes múltiplas obrigações, algumas delas não previstas expressamente.

A idéia fundamental que predomina no direito obrigacional contemporâneo é o de visualizar a obrigação não como um vínculo a ser desfeito, mas como algo complexo, que a partir de uma dada estrutura congrega um conjunto de relações.

---

2. Pothier, *Traité des Obligations*, in *Oeuvres*, *apud* Rubens Limongi França, "Obrigações", *Enciclopédia Saraiva de Direito*, p. 77.

No Brasil coube a Clóvis Veríssimo do Couto e Silva iniciar o tratamento da obrigação como processo. Em sua obra denominada *A Obrigação como Processo*, ele propôs examinar a relação jurídica obrigacional como um todo a partir da compreensão da idéia de vínculo como ordem de cooperação, formadora de uma unidade que não se esgota na soma dos elementos que a compõem. Dentro dessa ordem de cooperação, credor e devedor não ocupam mais posições antagônicas, dialéticas e polêmicas, e a relação jurídica obrigacional passa a ser compreendida como um todo, uma estrutura que congrega diversas relações centradas em torno de um fim, que é a extinção da obrigação pelo adimplemento, isto é, pelo seu cumprimento.

De acordo com a lição de Jorge César Ferreira da Silva, proferida na obra *A Boa-Fé e a Violação Positiva do Contrato*, ocorrido o fato jurídico obrigacional, que tanto pode ser um contrato como um ato ilícito gerador de dano, surge uma relação jurídica obrigacional complexa voltada para o adimplemento, que dá ensejo, pelo menos, a uma duplicidade de espécie de deveres: os de prestação e os genéricos de conduta, como os deveres de informação, cooperação e proteção.

Conceber a obrigação não como um mero vínculo que une o devedor ao credor – em torno de um comportamento esperado pelo credor e obrigatório para o devedor –, mas como algo mais complexo, em que há múltiplos deveres recíprocos, trouxe como contribuição maior o fato de se reconhecer, na obrigação, uma multiplicidade de comportamentos esperados, alguns expressamente pactuados, outros presumidos, que são classificados em deveres de prestação e deveres genéricos ou laterais de conduta.

3.1 Deveres de prestação

Os deveres de prestação são os diretamente relacionados com o núcleo do comportamento esperado pelo credor por parte do devedor. A particularidade dos deveres de prestação é que eles são previstos pelas partes e que sua não realização, de forma voluntária, caracteriza a situação de mora ou inadimplemento.

Os *deveres de prestação*, também denominados *obrigações primárias*, podem ser subdivididos em *deveres principais de prestação* e *deveres secundários de prestação*. Os deveres principais de prestação, de acordo com Jorge César Ferreira da Silva, são deveres que identificam a relação obrigacional por estarem centrados na espécie de prestação que a obrigação veicula, como, na compra e venda, o dever de pagar o preço e o dever de transferir a propriedade, e, na locação, o dever de transferir temporariamente o uso e o gozo de uma coisa e o dever de pagar o aluguel. Os deveres secundários da prestação dizem respeito à prestação em si, mas o núcleo deles não serve para individualizar a obrigação. Esses deveres secundários destinam-se a preparar o cumprimento da obrigação, como conservar a coisa até a tradição, embalar a coisa e transportá-la.[3]

3.2 Deveres de conduta

Os deveres de conduta são aqueles que não estão relacionados direta ou indiretamente ao cumprimento da prestação. Eles decorrem da relação jurídica obrigacional, mas se vinculam a outras fontes, como o princípio da boa-fé e a confiança recíproca que deve presidir a relação entre as partes. O escopo de tais deveres não é a realização da prestação, nem mesmo a sua substituição. Os deveres de conduta não autorizam a propositura de qualquer ação autônoma de cumprimento.

Eles, no entanto, são essenciais para que a relação jurídica obrigacional se desenvolva de forma regular. A respeito deles João de Matos Antunes Varela propõe: "Cada um dos contratantes tem o dever de tomar todas as providências necessárias, razoavelmente exigíveis, para que a obrigação a seu cargo satisfaça o interesse do credor na prestação".[4]

Esses deveres podem nascer antes do surgimento da obrigação e podem perdurar mesmo depois da obrigação ser extinta. Entre eles, temos, por exemplo, os deveres de indicação e esclarecimento, os de cooperação e auxílio.

O dever de esclarecimento dirige-se ao outro participante da relação jurídica para tornar clara certa circunstância reputada relevante de que ele tenha conhecimento errôneo ou imperfeito. É um dever

---

3. Jorge César Ferreira da Silva, *A Boa-Fé e a Violação Positiva do Contrato*, passim.
4. Antunes Varela, *Das Obrigações em Geral*, vol. I, p. 128.

que se impõe em favor do outro. Tem como objeto uma declaração de conhecimento.

O dever de cooperação e auxílio obriga a parte a colaborar e cooperar para que o fim da obrigação seja atingido, especialmente se a modalidade da obrigação assim o exigir.

4. Significados da palavra "obrigação"

A palavra *obrigação* é um termo equívoco. Ela pode ser utilizada em diversas acepções. Em sentido lato abrange o dever em todas as suas manifestações, mas somente o sentido estrito interessa-nos.

No campo restrito do direito das obrigações, damos-lhe ao menos três significados:

a) relação jurídica obrigacional;

b) dever jurídico de conteúdo econômico; e

c) direito subjetivo correspondente a esse dever jurídico de conteúdo econômico.

Usaremos o termo *obrigação* para designar todo o fenômeno obrigacional ou a relação jurídica obrigacional, reservando as palavras *crédito* e *débito* para significar o direito subjetivo e o dever jurídico de conteúdo econômico.

4.1 Distinções entre obrigação e dever, sujeição e ônus jurídico

O conceito de *obrigação* não se confunde com o conceito de *dever jurídico*,[5] porque:

a) refere-se a sujeitos ativo e passivo determinados; e

b) tem conteúdo econômico.

---

5. José Puig Brutau, na obra *Fundamento de Derecho Civil*, cita Giorgianni e nos dá a notícia da distinção feita na doutrina italiana entre *dovere*, *obbligo* e *obbligazione*. Nos três casos se trata de conduta devida em conformidade com uma norma. Porém, no dever jurídico falta a determinação de sujeito em cujo interesse se impõe; no *obbligo* existe determinação de ambos os sujeitos e na obrigação existe, ademais, a característica de que a conduta devida é de conteúdo patrimonial (*Fundamento de Derecho Civil*, t. I, vol. II, *Derecho General de las Obligaciones*, p. 7).

O conceito de obrigação é mais restrito que o conceito de dever jurídico, que significa, por sua vez, a necessidade de respeitar as leis e, de maneira mais precisa, a necessidade imposta pelo ordenamento legal de observar determinado comportamento frente a outras pessoas. É a adaptação da conduta livre a uma ordem superior, no interesse da convivência social.

Para José Carlos Moreira Alves, "obrigação e dever jurídico se distinguem pela circunstância de ser a obrigação um dever jurídico de conteúdo econômico, donde nem todo dever jurídico se caracteriza como obrigação. A obrigação é o dever jurídico de conteúdo patrimonial de uma pessoa determinada ou determinável; com isso, se excluem da categoria obrigação os deveres jurídicos correlatos aos direitos reais, já que nestes o sujeito passivo é indeterminado".[6]

A palavra *obrigação* distingue-se ainda de *sujeição* e de *ônus jurídico*.

A *sujeição* consiste na obrigatoriedade de suportar as conseqüências jurídicas do exercício regular de um direito dito potestativo, isto é, um direito fundado na vontade exclusiva do seu titular, como por exemplo, o direito do empregador demitir o empregado sem justa causa.

O *ônus jurídico* é a necessidade de agir de certo modo visando à tutela de interesse próprio.

De acordo com Orlando Gomes, "no dever jurídico, a sanção é estabelecida para a tutela de um interesse alheio ao de quem deve observá-lo. Na sujeição também não pode haver inobservância de quem tem de suportar ineluctavelmente os efeitos do ato de vontade do titular do direito potestativo, mas não há cogitar de sanção. No ônus jurídico, o comportamento é livre no sentido de que o onerado só o adota se quer realizar seu interesse".[7]

5. Direitos reais e pessoais

As relações no direito privado, segundo a lição de Lacerda de Almeida, citado por Orosimbo Nonato, referem-se ou à personalidade mesma do sujeito (o estado, a capacidade, a família) ou ao patrimônio.

---

6. José Carlos Moreira Alves, *Direito Romano*, vol. II, p. 2.
7. Orlando Gomes, *Obrigações*, p. 8.

O patrimônio compreende: (a) coisas, objetos em que incide imediatamente o direito; e (b) fatos, atos, prestações exigíveis de outrem.[8] Daí a doutrina dividir os direitos patrimoniais em direitos reais e pessoais.

No direito real a relação jurídica desenvolve-se entre o titular do direito e a coisa (objeto), que são os dois elementos suficientes para constituí-lo. O titular exerce sobre a coisa um poder direto e imediato e consegue obter utilidades sem a necessária intermediação de outra pessoa. O direito real caracteriza-se pela relação direta e imediata entre o sujeito e o objeto.

No direito pessoal a relação jurídica desenvolve-se entre o titular do direito (credor) e outra pessoa, determinada ou determinável (devedor), que deve ao credor uma prestação de conteúdo econômico. O credor espera do devedor um comportamento humano – uma prestação – consistente em um dar, fazer ou não fazer algo.

5.1 Obrigações "propter rem"

Há uma categoria de obrigações relacionadas com a titularidade de um direito real. Exige-se um determinado comportamento de alguém em decorrência do fato de ele ser o titular de um direito real, ter a posse ou a propriedade sobre um bem. A prestação exigida do sujeito decorre do fato de ele entreter uma relação jurídica real. É a chamada *obrigação "propter rem"* ou obrigação acessória real, cujos exemplos são: a contribuição do condômino para a conservação da coisa comum (CC, art. 1.315); ou a proibição do condômino de alterar a forma da fachada externa do seu apartamento.

Se houver a alienação do bem ao adquirente, é transmitida a obrigação.

5.2 Ônus reais

Certas obrigações de realizar, periódica ou reiteradamente, uma prestação que recaia sobre o titular de certo bem e que limitam a fruição ou a disposição da propriedade são chamadas de *ônus reais*, como a renda constituída sobre móvel ou imóvel que consiste na entrega de um

---

8. Orosimbo Nonato, *Curso de Obrigações*, vol. I, p. 59.

bem a alguém, com a obrigação de pagar ao proprietário ou a terceiro certa renda periodicamente (CC, arts. 803 e 804). A constituição de renda é contrato (...) pelo qual uma pessoa se obriga a satisfazer uma renda ou prestação periódica à outra, que será o próprio contraente ou terceiro, e por tempo determinado, mediante a cessão de certo capital em imóveis ou dinheiro, cuja propriedade lhe é transferida desde o momento em que é criado o encargo ou mesmo sobre o seus próprios bens, sem remuneração alguma.[9] (CC, arts. 803 e 804).

5.3 Obrigações com eficácia real

Certas obrigações produzem efeitos oponíveis *erga omnes* e por isso são chamadas de obrigações com eficácia real, como a locação na qual conste cláusula de vigência registrada no Cartório de Registro de Imóveis. Neste caso, ocorrendo a alienação do imóvel, o adquirente terá de respeitar a locação.

---

9. Dionysio Gama, *Teoria e Prática dos Contratos por Instrumento Particular no Direito Brasileiro*, Livraria Freitas Bastos, 1951, p. 395, *apud acta*, Glauber Moreno Talavera, *Comentários ao Código Civil*, Coord. Luiz Antonio Scavone Jr., *et alli*, 2ª ed., Ed. RT, p. 1.069.

Capítulo 2
PRINCÍPIOS APLICÁVEIS AO DIREITO DAS OBRIGAÇÕES

1. Princípio da autonomia privada. 2. Princípio da boa-fé: 2.1 A boa-fé no Direito Romano – 2.2 A boa-fé na cultura germânica – 2.3 A boa-fé canônica – 2.4 A boa-fé objetiva: 2.4.1 As funções da boa-fé objetiva: 2.4.1.1 Função hermenêutico-integrativa do contrato – 2.4.1.2 A boa-fé e a criação de deveres jurídicos – 2.4.1.3 A boa-fé como limite ao exercício de direitos subjetivos.

As obrigações sofrem a influência dos princípios da autonomia privada e da boa-fé.

1. Princípio da autonomia privada

A autonomia privada consiste na faculdade que possuem os particulares de resolver seus conflitos de interesses, criar associações, realizar o escambo de bens e dinamizar a vida em sociedade, o que é possível graças à possibilidade das pessoas criarem vínculos pela própria vontade. O princípio da autonomia privada permite às partes, maiores e capazes, dentro dos limites da licitude e da moralidade, firmarem obrigações.

No direito das obrigações, o princípio da autonomia privada manifesta-se pela possibilidade de criação de um número ilimitado de obrigações, desde que obedecidos os requisitos mínimos, como partes capazes, objeto lícito e forma prescrita em lei.

2. Princípio da boa-fé

O princípio da boa-fé também informa o direito obrigacional. Para melhor entendê-lo, cumpre investigar um pouco da sua história.

2.1 A boa-fé no Direito Romano

De acordo com Judith Martins-Costa, a boa-fé nasceu no mundo romano e atuou com destacada importância em três setores: o das relações de clientela; o dos negócios contratuais; e o da proteção possessória.

A clientela era uma instituição que data da primitiva organização romana, no período situado entre a fundação da cidade e a Lei das XII Tábuas. Era uma espécie de protetorado, pois na sociedade romana distinguiam-se os patrícios, os clientes e a plebe. Assim sendo, os clientes eram pessoas que se colocavam sob a proteção de um *paterfamilias*, denominado, para eles, *patrão*. Entre os clientes e o patrão se estabelecia uma relação que lhes impunha reciprocamente direitos e deveres. O patrão devia aos seus clientes socorro e assistência, assumia a defesa deles perante a justiça e lhes concedia gratuitamente terras, para que pudessem delas retirar o sustento. O cliente, em contrapartida, devia-lhe respeito e abnegação; devia assistir-lhe à pessoa, seguindo-o para guerra, pagando o seu resgate, em caso de cativeiro; pagando suas multas, se condenado; e deveria dotar sua filha, se necessário. Esses deveres e direitos recíprocos – sancionados severamente, pois quem os descumprisse podia ser morto inapelavelmente –, eram dominados pela *fides* (confiança, fé, lealdade), compreendida tanto como poder do patrão (poder de direção) e dever do *cliens*, quanto sob a forma de promessa de proteção. "Essa segunda vertente, a da *fides* promessa, vai conhecer longa linha evolutiva, espraiando-se em vários institutos promissórios, dos quais o mais importante para as relações civis residia na promessa enquanto *garantia da palavra dada*".[1]

No campo dos contratos, um antiqüíssimo documento conota a expressa *fides* aos contratos internacionais: o primeiro tratado entre Roma e Cartago inseriu regra segundo a qual cada uma das partes contraentes prometia sobre a própria fé (*publica fides*) a assistência ao cidadão de outra cidade para a proteção dos interesses nascidos dos negócios privados.

A *fides*, nas relações de clientela e nos contratos internacionais ou internos, conduz ao nascimento de duas vertentes de suma importância para a sistematização do conceito de boa-fé.

---

1. Judith Martins-Costa, *A Boa-Fé no Direito Privado*, p. 113.

Numa delas, a *fides* se apresenta como núcleo das relações internas de uma coletividade, denominadas de relações intra-subjetivas, vale dizer, as relações de clientela. Nesta a *fides* tem função de autolimitação (*fides* promessa) e intento protetivo.

Na outra, a *fides* se apresenta numa esfera de relações entre sujeitos pertencentes a coletividades distintas e, portanto, relações intersubjetivas, cuja função é a de garantia do respeito à palavra dada (*fit quod dicitur*). Esse fato teve grande importância, pois o campo dos negócios, primitivamente, situava-se de tal modo que o Estado não os podia proteger processualmente por não revestirem os negócios, sobretudo os consensuais (compra e venda, locação e sociedade) o aspecto formal que ensejava a possibilidade da *actio*. Tais negócios, na sua remota origem, eram negócios com estrangeiros. Nesses, a evolução aponta para o uso da *fides* como elemento catalisador do conteúdo econômico dos contratos porque, funcionalmente, constringe as partes a terem claro e presente qual o conteúdo concreto dos interesses que se encontram no ajuste, clarificação essa necessária para vincular os contraentes ao leal adimplemento das obrigações assumidas.

No período clássico, por força do direito pretoriano, a *fides bona* passa a permitir o recurso ao uso da jurisdição conhecido pela *bonae fidei iudicium*. Esse era um procedimento, que se dava perante o juiz, no qual o demandante, não podendo demonstrar uma pretensão baseada na lei, a fundamentava na *fides*, ordenando então o pretor que o juiz (privado) sentenciasse conforme os ditados da boa-fé. A boa-fé passa a ser usada como um expediente técnico preciso que possibilita ao juiz decidir certos casos tendo em conta não apenas a ocorrência do fato central apresentado pela parte, mas também outros fatos ligados ao litígio.

Há uma alteração, no Império, que enfraquece o instituto da boa-fé em sua acepção técnica e objetiva. A noção de *fides bona* passa para o campo dos direitos reais com o significado de expediente técnico utilizado pelo pretor para decidir as causas tendo em conta todas as circunstâncias vinculadas ao litígio; a expressão passa a adquirir um significado diverso, considerando a *intenção ou o estado de ignorância do beneficiário da usucapião*.[2]

2. Idem, p. 129.

2.2 A boa-fé na cultura germânica

Para Judith Martins-Costa, "a fórmula *Treu und Glauben (lealdade e crença)* demarca o universo da boa-fé obrigacional proveniente da cultura germânica, traduzindo conotações totalmente diversas daquelas que marcaram no Direito Romano". Assim, a cultura germânica inseriu na fórmula *boa-fé* as idéias de lealdade (*Treu* ou *Treue*) e crença (*Glauben* ou *Glaube*), as quais se reportam a qualidades ou estados humanos objetivados.[3]

Ligada às tradições cavalheirescas de honra e juramento, a boa-fé em matéria obrigacional é uma regra de comportamento social necessária ao estabelecimento da confiança geral induzida ao *alter* ou à coletividade pelo comportamento daquele que jura por honra. Traduz-se na obrigação do cumprimento exato dos deveres assumidos e na necessidade de se ter em conta, no exercício dos direitos, os interesses da contraparte.[4]

2.3 A boa-fé canônica

O Direito Canônico trata da boa-fé em dois setores: no da prescrição e no da legitimação dos *nuda pacta*, vale dizer, a questão da tutela da usucapião e dos contratos consensuais.

No Direito Canônico a boa-fé é vista como a ausência do pecado, como estado contraposto à má-fé: agir em boa-fé significa respeitar fielmente o pactuado, cumprir a palavra dada, sob pena de agir em má-fé, *rectius*, em pecado.

No direito obrigacional, a generalização da boa-fé a uma ausência de pecado, tendo como conseqüência o cumprimento da palavra dada, resultou em torná-la uma categoria vazia de qualquer conteúdo substancial. No que respeita à prescrição aquisitiva, a boa-fé subjetiva torna-se estado de ciência individual, requerendo não apenas a mera ignorância, mas a consciência íntima e subjetiva da ausência de pecado, isto é, de se estar agindo corretamente, de não se estar lesando regra jurídica ou direito de outrem.[5]

---

3. Idem, p. 124.
4. Idem, p. 126.
5. Idem, p. 131.

2.4 A boa-fé objetiva

A boa-fé que hoje influencia grandemente o direito obrigacional é a boa-fé objetiva e não a boa-fé subjetiva. A *boa-fé subjetiva* denota estado de consciência ou convencimento individual de agir a parte em conformidade com o direito, sendo aplicável, em regra, ao campo dos direitos reais, especialmente em matéria possessória. Antitética à boa-fé subjetiva está a má-fé, vista subjetivamente como a intenção de lesar outrem. A boa-fé subjetiva representa a idéia de ignorância, de crença errônea, ainda que escusável, acerca da existência de uma situação regular.

Por sua vez, a *boa-fé objetiva* quer significar modelo de conduta social, arquétipo ou *standard* jurídico, segundo o qual "cada pessoa deve ajustar a própria conduta a esse arquétipo, obrando como obraria um homem reto: com honestidade, lealdade, probidade. Por esse modelo objetivo de conduta são levados em consideração os fatos concretos do caso, tais como o *status pessoal e cultural* dos envolvidos, não se admitindo uma aplicação mecânica do *standard*, de tipo meramente subsuntivo".[6]

Ao conceito de *boa-fé objetiva* estão subjacentes as idéias e os ideais animadores da boa-fé germânica: a boa-fé como regra de conduta fundada na honestidade, na retidão, na lealdade e, principalmente, na consideração para com os interesses do *alter*, visto como um membro do conjunto social que é juridicamente tutelado. Aí se insere a consideração para com as expectativas legitimamente geradas, pela própria conduta, nos demais membros da comunidade, especialmente no outro pólo da relação obrigacional.[7]

A boa-fé no direito das obrigações manifestar-se-ia como máxima objetiva que determina o aumento de deveres para além daqueles que o acordo veio a prever de forma expressa. Não é possível tabular ou arrolar *a priori* o significado da valoração a ser procedida mediante a boa-fé objetiva, porque se trata de uma norma cujo conteúdo não pode ser rigidamente fixado, dependendo sempre das concretas circunstâncias do caso.[8]

---

6. Idem, p. 411.
7. Idem, p. 412.
8. Idem, p. 412.

A boa-fé destina-se a todos aqueles que participam do vínculo; ela pode criar deveres para o credor, a quem tradicionalmente se reservavam apenas direitos. De acordo com Clóvis Veríssimo do Couto e Silva "o mandamento de conduta engloba todos os que participam do vínculo obrigacional e estabelece, entre eles, um elo de cooperação, em face do fim objetivo a que visam". A boa-fé contribui "para determinar o 'quê' e o 'como' da prestação e a fixar-lhe os limites".[9]

2.4.1 *As funções da boa-fé objetiva*

Três distintas funções são normalmente atribuídas à boa-fé:

i) a de cânone hermenêutico-integrativo do contrato;

ii) a de norma de criação de deveres jurídicos; e

iii) a de norma de limitação ao exercício de direitos subjetivos.

2.4.1.1 Função hermenêutico-integrativa do contrato – A boa-fé atua como cânon hábil a preencher lacunas na relação jurídica contratual. Das lacunas decorre a necessidade de estabelecer comportamentos não previstos, mas essenciais para salvaguardar o contrato e a plena produção de efeitos. Essa função integrativa será exercida pela boa-fé.

2.4.1.2 A boa-fé e a criação de deveres jurídicos – Os deveres instrumentais ou laterais, ou deveres acessórios de conduta, deveres de conduta, deveres de proteção ou deveres de tutela são derivados ou de cláusula contratual ou de dispositivo da lei ou da incidência da boa-fé objetiva.

São eles:

a) deveres de cuidado, previdência e segurança;

b) deveres de aviso e esclarecimento;

c) deveres de informação;

d) deveres de colaboração e cooperação;

e) dever de prestar contas;

---

9. Clóvis Veríssimo do Couto e Silva, *A Obrigação como Processo*, p. 30.

f) deveres de proteção e cuidado com a pessoa e o patrimônio da contraparte;

g) deveres de omissão e de segredo.[10]

Importa sublinhar que os deveres que incumbem tanto ao devedor quanto ao credor não estão orientados diretamente ao cumprimento da prestação ou dos deveres principais, como ocorre com os deveres secundários da prestação. Os deveres laterais ou anexos são deveres de adoção de determinados comportamentos, impostos pela boa-fé em vista do fim do contrato, dada a relação de confiança que o contrato fundamenta.

De acordo com Clóvis Veríssimo do Couto e Silva, os deveres derivados da boa-fé apresentam graus de intensidade a partir da categoria dos atos jurídicos a que se ligam. Nos negócios bilaterais o interesse conferido a cada participante da relação jurídica (*mea res agitur*) encontra limites nos interesses do outro, também dignos de proteção. Nos negócios dirigidos a uma atividade exercida em proveito de terceiro, como a gestão de negócios, os negócios fiduciários, a boa-fé manda que se leve em conta o interesse da outra parte (*tua res agitur*). Nos negócios em que a cooperação é plena (*nostra res agitur*), como na sociedade, na comunidade familiar, a boa-fé manda que haja a dedicação à tarefa suprapessoal e exige disposição para trabalho conjunto.[11]

Dentre os deveres secundários, temos os deveres de indicação e esclarecimento, e de cooperação e auxílio. Os deveres de indicação e esclarecimento, por exemplo, dirige-se ao outro participante da relação jurídica, para tornar clara certa circunstância que ele ignore, de que não tenha conhecimento perfeito ou, ainda, errôneo: é um dever imposto em favor do outro (*tua res agitur*). Cuida-se de um dever que demanda uma declaração de conhecimento e não de vontade; daí constituir-se em resultado do pensamento cognitivo e não do volitivo. Os deveres de cooperação são os necessários à consecução de determinado fim, que somente pode ser obtido com cooperação mútua.

---

10. Judith Martins-Costa, *A Boa-Fé...*, cit., p. 439.
11. Clóvis Veríssimo do Couto e Silva, *A Obrigação...*, cit., p. 33.

2.4.1.3 A boa-fé como limite ao exercício de direitos subjetivos – A boa-fé não admite condutas que contrariem o mandamento de agir com lealdade e correção, pois só assim atingirá a função social que lhe é cometida.

No campo do direito da resolução, como norma de inadmissibilidade do exercício de direitos que a contrariem, mostra a sua face nos casos de adimplemento substancial do contrato, a proibir sua resolução quando a parte já adimpliu substancialmente a tudo a que se obrigara. O cumprimento próximo do resultado final exclui o direito de resolução, facultando apenas o pedido de adimplemento e o de perdas e danos.

A boa-fé paralisa o direito a invocar a *exceptio non adimpleti contractus* (exceção de contrato não cumprido) nas hipóteses em que se configura violação dos deveres contratuais pela parte que a invoca. É a denominada teoria dos atos próprios segundo a qual se entende que a ninguém é lícito fazer valer um direito em contradição com a sua anterior conduta interpretada objetivamente segundo a lei, os bons costumes e a boa-fé. Tal teoria tem duas importantes vertentes: a primeira – denominada *tu quoque* – traduz a regra pela qual a pessoa que viole uma norma jurídica legal ou contratual não poderia, sem abuso, exercer a situação jurídica que essa mesma norma lhe tivesse atribuído; a segunda vem expressa pela máxima que proíbe agir contra fato próprio – *venire contra factum proprium*.

Capítulo 3
ELEMENTOS E PRESSUPOSTOS DA OBRIGAÇÃO

1. Elementos constitutivos da relação obrigacional. 2. Elemento subjetivo. 3. Elemento material ou conteúdo. 4. Vínculo jurídico. 5. Forma.

1. Elementos constitutivos da relação obrigacional

Por elementos constitutivos da relação jurídica obrigacional a doutrina vislumbra o *pessoal ou subjetivo*, que diz respeito às partes; o *material*, relativo ao objeto da obrigação, que é justamente a prestação devida; e o *vínculo jurídico*, ou o que sujeita o devedor à realização de um comportamento no interesse do credor.

2. Elemento subjetivo

A obrigação pressupõe a duplicidade de sujeitos.[1] A obrigação tem um sujeito ativo denominado *credor* e um sujeito passivo denominado *devedor*.

Credor vem de *creditor*, do verbo *credere*, e significa confiar, crer, ter fé.[2] O credor é a pessoa, física ou moral, legitimada a exigir do devedor o cumprimento da prestação. Qualquer pessoa, natural ou jurídica, pública ou privada, regular ou irregular, pode ocupar o lado ativo da relação obrigacional.

O *credor* pode ser determinado ou determinável. Neste último caso – credor determinável –, a determinação ocorre posteriormente ao sur-

---

1. A reunião em uma única pessoa de ambas as posições (ativa e passiva) resulta na extinção do próprio vínculo, conforme dispõe o art. 381 do CC.
2. Washington de Barros Monteiro, *Curso de Direito Civil*, vol. 4, p. 12.

gimento da obrigação e deve realizar-se, como derradeiro momento, até o seu cumprimento.³ Pode, também, ocorrer a transmissão da posição ativa, de modo que o credor pode ser um no início da relação jurídica obrigacional e outro no momento do cumprimento da relação jurídica obrigacional.

O sujeito passivo é denominado *devedor*, palavra que advém de *debitor* e exprime a idéia de carga, liame, dívida, sujeição. Devedor é a pessoa normalmente obrigada a cumprir a prestação. Qualquer pessoa, respeitadas as regras jurídicas de capacidade, pode ocupar o pólo passivo da relação jurídica obrigacional.

O *devedor* pode ser determinado ou determinável. A indeterminação relativa, embora menos freqüente do que a indeterminação relativa do credor, pode também ocorrer, especialmente nas chamadas obrigações *propter rem*,⁴ em que o devedor é quem tem a posse ou a propriedade da coisa.

As obrigações em que há indeterminação momentânea do credor ou do devedor são chamadas de obrigações ambulatórias.

Os sujeitos das obrigações podem ser *singulares* ou *plurais*. As obrigações admitem a pluralidade de credores e de devedores, isto é, mais de uma pessoa ocupando os pólos ativo ou passivo da relação jurídica processual. Os sujeitos devem ser pessoas distintas. A fusão do credor e do devedor numa única pessoa leva à extinção da obrigação pela ocorrência da confusão (CC, art. 381), instituto que será analisado no Capítulo XI.

3. Elemento material ou conteúdo

O conteúdo da obrigação consiste numa declaração sobre determinado objeto. Na obrigação, a declaração versa sobre a prestação (con-

---

3. Washington de Barros Monteiro cita como exemplo de indeterminação do credor os seguintes casos: num cheque ao portador, credor será aquele que, tendo a posse do título, se apresenta ao sacado para o respectivo pagamento; todos os títulos ao portador, como títulos de capitalização, bilhetes de rifas ou de loterias; as promessas de recompensa (*Curso de Direito Civil*, vol. 4, p. 14).
4. Cita-se normalmente como exemplo de obrigações que contenham sujeito passivo indeterminado as chamadas obrigações *propter rem* ou reais. Nelas, o sujeito ativo ou passivo é mutável, de acordo com as sucessivas transmissões experimentadas na titularidade da coisa.

teúdo), isto é, sobre um comportamento humano que consiste em dar, fazer ou não fazer.[5] Diz-se que o objeto da obrigação é a prestação. Não se deve confundir o objeto da obrigação, que é a prestação, e o objeto da prestação, que pode ser um bem ou um serviço.[6]

O objeto da obrigação deve obedecer àqueles requisitos exigidos para todo e qualquer ato jurídico: deve ser lícito, possível e determinado ou determinável.

A *licitude da prestação* decorre do fato de ela não contrariar nem as regras jurídicas, nem as regras morais e nem os bons costumes.

A prestação *deve ser física e juridicamente possível*. A impossibilidade que inibe o surgimento da obrigação é somente a originária, ou seja, aquela que pré-existe à constituição da obrigação. A impossibilidade sucessiva ou superveniente, isto é, depois de constituída a obrigação, não a invalida, mas causa efeitos diversos, dependendo das circunstâncias do caso: ela pode extinguir a obrigação ou transformá-la na obrigação de responder por perdas e danos.

A prestação deve ser *determinada*. Prometer algo sem determiná-lo não constitui obrigação. Admite-se, porém, certa indeterminação na prestação. Por isso se diz que a prestação pode ser determinável. É o caso da obrigação de dar coisa incerta na qual o objeto da prestação – a coisa – está determinado, tão-somente, pelo gênero e pela quantidade e não pela espécie.

5. José Carlos Moreira Alves, *Direito Romano*, vol. II, pp. 10 e 11: "as fontes romanas, referindo-se ao conteúdo da prestação, empregam as três seguintes palavras: *dare, facere e praestare*. *Dare*, por via de regra, designa a obrigação do devedor de transferir ao credor a propriedade de uma coisa, ou um direito real limitado sobre uma coisa. *Facere*, em geral, indica a obrigação do devedor de realizar um ato qualquer que não transfira direito ao credor (assim, por exemplo, a obrigação de construir um muro), ou de omitir-se (no *facere*, portanto, inclui-se o *non facere*). Com referência ao sentido de *praestare*, há grande divergência entre os autores; segundo parece, *praestare* serve para designar: (a) a assunção de responsabilidade, e isso nos casos em que, tendo o *dare* ou o *facere* se tornado impossíveis por dolo ou culpa do devedor, este, em lugar da prestação originária, passa a dever o valor, em dinheiro, correspondente ao dano causado ao credor (assim, a prestação primitiva é substituída pelo *praestare dolum* ou *culpam*), ou (b) em sentido genérico, qualquer objeto da obrigação, seja um *dare*, seja um *facere*. Daí a origem do termo prestação, que, no Direito Moderno, designa qualquer objeto da obrigação".

6. Em um contrato de depósito, o objeto da obrigação é a atividade humana consistente num dar coisa certa (restituir) e o objeto da prestação a coisa dada em depósito.

Afora essas características discute-se se a prestação precisa ter conteúdo patrimonial. Inicialmente, a doutrina defendeu que as obrigações deviam ter tal conteúdo[7] e isto, além da habitual incidência de prestações com conteúdo patrimonial, com base em três razões, encontradas na exposição de Antonio Menezes Cordeiro:[8]

(a) Disposições legais expressas. De fato alguns Códigos[9] continham disposições que autorizavam a conclusão da necessidade das obrigações terem conteúdo patrimonial.

(b) Irressarcibilidade dos danos morais. A concepção que vedava, mais por argumentos éticos ou morais, a conversão em pecúnia dos danos morais provocados em uma pessoa contribuiu para a afirmação da tese clássica pelo seguinte raciocínio: sendo os danos morais irressarcíveis e só podendo a violação de eventuais obrigações não patrimoniais dar lugar a danos morais, faltaria, às aludidas obrigações, natureza jurídica, por inexistência de coercibilidade.

(c) A responsabilidade patrimonial consubstanciada em todas as obrigações num direito do credor ao patrimônio do devedor conferiria, automaticamente, a todos os créditos, natureza patrimonial.

Os defensores da teoria da patrimonialidade aceitavam, no entanto, o conteúdo não-patrimonial da prestação desde que fosse estipulada cláusula penal para o caso de descumprimento, fosse possível a execução específica, ou, então, o descumprimento da obrigação não patrimonial acarretasse danos avaliáveis pecúnia. Isto porque, em todas essas hipóteses, a coação jurídica poderia realizar-se. Alguns doutrinadores, no entanto, opuseram-se à teoria clássica e manifestaram-se contrários ao caráter exclusivamente patrimonial da prestação.

Relata-nos Miguel Maria de Serpa Lopes que "Ihering atribuiu ao dinheiro três funções: a função de equivalência; a função de penalidade e a de satisfação. A primeira ocorre quando se torne possível determinar em dinheiro a utilidade que o adimplemento da prestação deverá dar ao

---

7. De acordo com Miguel Maria Serpa Lopes, Savigny foi dos mais intransigentes a esse propósito. Para ele, os atos suscetíveis de serem objeto de uma obrigação exigem um valor pecuniário, isto é, em outros termos, sempre capazes de uma estimativa em dinheiro (*Curso de Direito Civil*, vol. II, p. 24).

8. *Direito das Obrigações*, vol. I, p. 235.

9. O Código Civil francês, no art. 1.128, dispunha: "Só as coisas que estão no comércio podem ser objeto de convenção".

credor, pressupondo que esta última possa ser estimada pecuniariamente; a segunda no caso de se haver pactuado uma cláusula penal, mas quando vier aplicada pelo magistrado como um meio coercitivo; a terceira função ocorre quando, não sendo possível o adimplemento coativo da obrigação, o magistrado atribui ao credor uma soma em dinheiro a título de reparação, e em compensação pela falta de adimplemento da prestação. Deste modo, refere Scuto, especialmente com essas duas últimas funções do dinheiro, poder-se-á ter a coercibilidade de todas as obrigações, ainda que desprovidas de natureza patrimonial. Assim torna-se possível o caráter patrimonial da obrigação, mesmo não sendo patrimonial a prestação".[10] Vittorio Scialoja propôs uma distinção entre o interesse do credor, consubstanciado no seu direito, e a prestação a ser cumprida pelo devedor. A prestação teria de ser, sempre, suscetível de avaliação pecuniária, enquanto o interesse do credor poderia representar interesses morais, éticos, estéticos. Esta posição teria sido adotada pelo Código Civil italiano no art. 1.174.[11]

No Brasil, a maioria dos doutrinadores aderiu à tese da patrimonialidade da prestação. Entre eles citamos Orlando Gomes,[12] Washington de Barros Monteiro,[13] San Tiago Dantas[14] e Caio Mario da Silva Pereira.[15]

10. Miguel Maria Serpa Lopes, *Curso...*, cit., vol. II, p. 25.
11. Antonio Menezes Cordeiro, *Direito das Obrigações*, vol. I, p. 236. Diz o art. 1.174 do Código Civil italiano: "La prestazione che forma oggetto dell'obbligazione deve essere suscettibile di valutazione economica e deve corrispondere a un interesse, anche non patrimoniale".
12. Orlando Gomes, *Obrigações*, p. 21: "Na sua contextura, a prestação precisa ser patrimonial, embora possa corresponder a interesse extrapatrimonial. A patrimonialidade da prestação, objetivamente considerada, é imprescindível à sua caracterização, pois, do contrário, (...) não seria possível atuar a coação jurídica, predisposta na lei, para o caso de inadimplemento".
13. Washington de Barros Monteiro, *Curso de Direito Civil*, vol. 4, p. 21: "Finalmente, o objeto da prestação há de ser economicamente apreciável. É o elemento que mais controvérsias suscita. O objeto deve ser realmente suscetível de avaliação pecuniária; se ele não representa um valor, deixa de interessar ao mundo jurídico".
14. San Tiago Dantas, *Programa de Direito Civil*, vol. II, p. 30: "Último requisito é a patrimonialidade. Já se sabe que é requisito fundamental da obrigação, que aquilo que o devedor promete, aquilo que deve, seja um ato econômico e, por conseguinte, um ato do qual se pode encontrar o equivalente em dinheiro, não há possibilidade de formar-se obrigação, porque o direito que daí resulta, se for lesado, não poderá se converter em responsabilidade".
15. Caio Mário da Silva Pereira, *Instituições de Direito Civil*, vol. II, pp. 16 e 17: "Em prol da patrimonialidade da prestação, atemo-nos a duas ordens de argumentos.

Contra a necessidade de a prestação ter conteúdo patrimonial temos a lição de Manoel Inácio Carvalho de Mendonça.[16]

Em nossa opinião, a princípio, a patrimonialidade não seria uma característica necessária e essencial da prestação. O que importa é a possibilidade de se medir em pecúnia o equivalente da prestação no caso do devedor não cumpri-la ou a previsibilidade, no ordenamento jurídico, de meios de coerção do devedor para que cumpra a prestação. Equivaleria esta colocação à posição adotada pelo legislador português no n. 2 do art. 398 do Código Civil daquele país: "A prestação não necessita de ter valor pecuniário; mas deve corresponder a um interesse do credor, digno de proteção legal". O que vale dizer: se a prestação não tiver conteúdo patrimonial e o ordenamento jurídico não puser em favor do credor instrumentos para que ele obrigue o devedor a cumprir a prestação não se tratará, a rigor, tecnicamente, de uma obrigação.

4. Vínculo jurídico

Tradicionalmente, o vínculo jurídico é o liame que liga o devedor ao credor e o subordina a agir no interesse dele. Ao redor do conceito de obrigação e de vínculo jurídico temos teorias que ora enfatizam o dever de prestar, ora enfatizam a responsabilidade patrimonial ou ora enfatizam ambos.

Em um primeiro momento foi ressaltado no conceito de obrigação a vinculação da atividade de um indivíduo em favor de outrem. Esta

O primeiro é que, ainda no caso de se não fixar um valor para o objeto, a lei o admite implícito, tanto que converte em equivalente pecuniário aquele a que o devedor culposamente falta, ainda que não tenham as partes cogitado do seu caráter econômico originário.

"Por outro lado, e numa segunda ordem de idéias, a vida social conhece numerosos atos cuja realização é indiferente ao direito. Se a obrigação pudesse ter por objeto prestação não-econômica, faltaria uma separação nítida entre ela e aqueles atos indiferentes, e é precisamente a pecuniariedade que extrema a obrigação em sentido técnico daqueles deveres que o direito institui, numa órbita diferente, como, *exempli gratia*, a fidelidade recíproca dos cônjuges, imposta pela lei, porém exorbitante da noção de obrigação."

16. Manoel Inácio Carvalho de Mendonça, *Doutrina e Prática das Obrigações*, p. 94: "Por enquanto o que fica dito é quanto basta para deixar bem firmado o princípio de que o objeto da obrigação pode não ter senão um valor moral ou de afeição, sem que isso iniba o sujeito ativo de exercer sua ação para exigir o adimplemento".

teoria, denominada monista, aceita e patrocinada por grande parte dos doutrinadores da metade do século XIX, vê na obrigação uma só relação jurídica unindo credor e devedor, cujo objeto é a prestação. O direito de exigi-la decorre do dever de prestar. A doutrina monista não distingue entre o cumprimento voluntário e o cumprimento forçado da obrigação.

Entretanto, doutrinadores do início do século XX, como Brinz, Bekker e Binder, deram ênfase a outro aspecto da obrigação, salientando que ela não consistia no dever de realizar uma prestação, mas sim na responsabilidade. É a chamada teoria dualista. José Carlos Moreira Alves noticia-nos que "Brinz, estudando a obrigação no Direito Romano, chegou à conclusão de que ela se decompunha em dois elementos – o *debitum* (débito; *Schuld*) e a *obligatio* (responsabilidade; *Haftung*) – que, além de surgirem em momentos diversos (o *debitum*, desde a formação da obrigação; a *obligatio* só posteriormente, caso o devedor não realize a prestação devida), são substancialmente diferentes; o *debitum* é um elemento não coativo (o devedor é livre para realizar, ou não a prestação); a *obligatio* é um elemento coativo (se o devedor não realiza a prestação, surge para ele a responsabilidade decorrente do inadimplemento). Esses dois elementos podem referir-se a pessoas diferentes ou a uma única pessoa. Para Brinz, portanto, ao lado da *obligatio rei* (como sucede no penhor, em que a coisa empenhada responde pelo débito), existia a *obligatio personae* (primitivamente, era o próprio corpo do devedor que respondia pelo débito; mais tarde, a responsabilidade se deslocou para o patrimônio do devedor), abrangidas ambas num conceito único: 'relação pela qual uma coisa ou pessoa é destinada a servir de satisfação ao credor por uma prestação'."[17]

De onde se verifica que, segundo Brinz, o elemento responsabilidade patrimonial ou pessoal não é eventual, nem é subordinado ao elemento dever de prestação (*debitum*) – como afirma a doutrina tradicional – mas, exatamente o oposto.

A posição de Brinz influenciou a doutrina brasileira. San Tiago Dantas escreveu:

"A obrigação tem dois momentos: o primeiro, que é o que se pode chamar o momento da obrigação; o segundo é o momento da responsa-

17. José Carlos Moreira Alves, *Direito Romano*, vol. II, p. 5.

bilidade. Se existe uma obrigação, quer dizer, se existe um vínculo entre devedor e credor e que espera o credor que o devedor pratique um ato em seu benefício, neste momento, está certa a teoria acolhida, por exemplo, de Ruggiero, porque é um vínculo que dá ao credor o direito de esperar um determinado ato da parte do devedor. Mas, eis que este débito não é cumprido e verifica-se a lesão do direito pelo inadimplemento da obrigação, que ocorre então? Nasce um segundo vínculo, que tem como titular o mesmo credor e que, agora, se estabelece não em relação a um certo ato do devedor, mas em relação ao seu patrimônio. O credor, agora, fica armado do direito de entrar no patrimônio do devedor para buscar os bens necessários à satisfação do seu crédito.

"Vê-se que as duas teorias estão certas e precisa-se, apenas, harmonizá-las. No Direito Moderno, obrigação e responsabilidade, estão intimamente ligadas. São momentos que se sucedem, mas sempre em relação ao mesmo vínculo obrigacional."[18]

Maria Helena Diniz filia-se à teoria que denomina eclética, isto é, considera essenciais os dois elementos: *debitum* e *obligatio*. Para ela, "o vínculo obrigacional expressa o direito do credor de impor ao devedor uma prestação positiva ou negativa, dando lugar a uma diminuição da liberdade do sujeito passivo, pois não poderá libertar-se da relação obrigacional sem cumpri-la, visto que o credor, insatisfeito, está autorizado a acioná-lo, promovendo a execução de sentença, penhorando seus bens e levando-os à praça, para obter com o produto o valor correspondente à prestação devida".[19]

Outrossim, para Orlando Gomes, "ao se decompor uma relação obrigacional, verifica-se que o direito de crédito tem como fim imediato uma prestação, e remoto, a sujeição do patrimônio do devedor. Encarada essa dupla finalidade sucessiva pelo lado passivo, pode-se distinguir, correspondentemente, o dever de prestação, a ser cumprido espontaneamente, da sujeição do devedor, na ordem patrimonial, ao poder coativo do credor. Analisada a obrigação perfeita sob essa dupla perspectiva, descortinam-se os dois elementos que compõem seu conceito. Ao dever

---

18. San Tiago Dantas, *Programa de Direito Civil*, vol. II, p. 22.
19. Maria Helena Diniz, *Curso de Direito Civil Brasileiro*, vol. 2, *Teoria Geral das Obrigações*, p. 38.

de prestação corresponde o *debitum*, à sujeição a *obligatio*, isto é, a responsabilidade".[20]

5. Forma

A obrigação deve obedecer à forma eventualmente prevista em lei. Não havendo, a forma é livre, mas para que exista a obrigação, a declaração, isto é, o conteúdo deve observar alguma forma. Assim, a obrigação, na sistemática adotada pelo Código Civil, deve observar forma especial, essencial à validade ou prova do ato, ou forma livre.

---

20. Orlando Gomes, *Obrigações*, p. 15.

Capítulo 4
FONTES DA OBRIGAÇÃO

Chamamos de fontes das obrigações os fatos que podem criar obrigações. É o fato gerador das obrigações. Deve-se preferir a palavra fonte à palavra causa, que tem sentido ambíguo e, assim, há clara diferença entre *causa obligationis* (fontes das obrigações) e *causa obligandi* (elemento integrante das obrigações, segundo a teoria causalista).[1]

O Direito Romano admitia quatro fontes para a obrigação: o contrato, o quase-contrato, o delito e o quase-delito.[2] Esta classificação não é pacífica, pois entendem alguns que o Direito Romano admitia, tãosomente, duas fontes: o contrato e o delito.

A classificação das fontes das obrigações existentes no Direito Romano ingressou no Direito Moderno pelo Código Civil francês, com a modificação introduzida por Pothier, que acrescentou a lei como uma quinta fonte. As obrigações tinham as seguintes fontes, conforme classificação de Pothier: (a) o *contrato* ou a *convenção*, caracterizados por um acordo de vontades (a obrigação deriva de um acordo de vontades); (b) um *quase-contrato*: neste caso a obrigação não deriva de um acordo de vontades, mas de uma declaração unilateral de vontade, como a promessa de recompensa; a gestão de negócios; (c) um *delito*, isto é, um ato intencional praticado com o propósito de causar o malefício; (d) ou um *quase-delito*, isto é, ato unilateral ilícito cometido sem o ânimo prévio de prejudicar; e por último; (e) a *lei*.

1. Washington de Barros Monteiro, *Curso de Direito Civil*, vol. 4, p. 32.
2. Segundo Miguel Maria de Serpa Lopes, foram os bizantinos, ao reduzir o conceito de contrato a tudo quanto decorresse do acordo de vontade e o conceito de delito a atos unicamente dolosos, que criaram a necessidade de nominar de quasecontrato os negócios jurídicos unilaterais e de quase-delito os atos meramente culposos (*Curso de Direito Civil*, vol. II, p. 27).

O Código Civil italiano de 1865 aceitou esta distinção entre as fontes, mas o de 1942 inovou esta matéria ao dispor no art. 1.173: "Fonti delle obbligazioni. Le obbligazioni derivano da contratto, da fatto illecito, o da ogni altro atto o fatto idoneo a produrle in conformità dell'ordinamento giuridico". O Código Civil italiano, segundo Orlando Gomes, reconhecendo a impossibilidade de reduzir a algumas categorias gerais as diversas fontes das obrigações, menciona as essenciais, que são o contrato e o ato ilícito; as outras, as engloba num grupo heterogêneo – uma categoria em branco – o dos fatos idôneos a produzi-las, segundo o ordenamento jurídico.[3]

O Código Civil brasileiro, a exemplo do Código Civil alemão, preferiu não disciplinar expressamente a matéria. Mas, perante o Código Civil brasileiro três seriam as fontes declaradas: contratos; declarações unilaterais de vontade e atos ilícitos.[4] Orlando Gomes entende que neste tema é preciso diferençar fontes mediatas e fonte imediata da obrigação. A fonte imediata da obrigação, entendida como causa eficiente das obrigações, seria unicamente a lei, enquanto fontes mediatas, entendidas como condições determinantes do nascimento das obrigações, seriam diversos fatos ou situações.[5]

Nós definimos como fontes das obrigações todos os fatos (em sentido lato), hipoteticamente descritos numa norma jurídica, que, ocorrentes no mundo fenomênico, tenham por efeito sujeitar, sob pena de responsabilização patrimonial, alguém a realizar determinada prestação. Neste caso, a fonte remota de toda e qualquer obrigação será a lei, enquanto a fonte próxima será o ato ou fato descrito hipoteticamente na norma. Podemos citar como exemplos de atos ou fatos descritos hipoteticamente na norma jurídica como hábeis a criar obrigações: a declaração unilateral de vontade; o acordo de vontades; o ato ilícito; o ato lícito praticado com abuso de direito; algumas situações de fato, como a gestão de negócios; o pagamento indevido.

Se fossemos estabelecer uma escala de importância entre as diversas fontes próximas, tomando como critério a maior ou menor repetição

---

3. Orlando Gomes, *Obrigações*, p. 35. Neste grupo, acham-se compreendidas várias figuras: a declaração unilateral de vontade, os atos coletivos, o pagamento indevido, o enriquecimento sem causa, o abuso de direito e certas situações de fato.
4. Washington de Barros Monteiro, *Curso...*, cit., vol. 4, p. 39.
5. Orlando Gomes, *Obrigações*, p. 32.

em nossa sociedade, certamente, o *acordo de vontades* (*consenso*), existente nos *contratos*, e o *ato ilícito* seriam as fontes próximas das obrigações mais utilizadas. A inclusão do acordo de vontades como fonte próxima da obrigação permite a criação de um número ilimitado de obrigações (*numerus apertus*).

Capítulo 5
CLASSIFICAÇÃO DAS OBRIGAÇÕES

A classificação procura sistematizar e facilitar a compreensão da matéria. As obrigações podem ser classificadas a partir de diferentes critérios, que não se excluem. Logo, a classificação das obrigações varia de acordo com o critério escolhido.

O Código Civil brasileiro elegeu diversos critérios para classificá-las. O primeiro foi a *natureza da prestação*, segundo a qual a obrigação pode ser de dar, fazer ou não fazer. Essa classificação foi adotada no Direito Romano: "As fontes romanas, referindo-se ao conteúdo da prestação, empregam as três seguintes palavras: *dare, facere e praestare*. *Dare*, por via de regra, designa a obrigação do devedor de transferir ao credor a propriedade de uma coisa, ou um direito real limitado sobre uma coisa. *Facere*, em geral, indica a obrigação do devedor de realizar um ato qualquer que não transfira direito ao credor (assim, por exemplo, a obrigação de construir um muro), ou de omitir-se (no *facere*, portanto, inclui-se o *non facere*). Com referência ao sentido de *praestare*, há grande divergência entre os autores; segundo parece, *praestare* serve para designar: (a) a assunção de responsabilidade, e isso nos casos em que, tendo o *dare* ou o *facere* se tornado impossíveis por dolo ou culpa do devedor, este, em lugar da prestação originária, passa a dever o valor, em dinheiro, correspondente ao dano causado ao credor (assim, a prestação primitiva é substituída pelo *praestare dolum* ou *culpam*), ou (b) em sentido genérico, qualquer objeto da obrigação, seja um *dare*, seja um *facere*. Daí a origem do termo prestação, que, no Direito Moderno, designa qualquer objeto da obrigação".[1]

---

1. José Carlos Moreira Alves, *Direito Romano*, vol. II, pp. 10 e 11.

O Código Civil trata no Capítulo I do Título I ("Das modalidades das obrigações") do Livro I ("Do direito das obrigações") das obrigações de dar; no Capítulo II das obrigações de fazer; e no Capítulo III das obrigações de não fazer.[2] No Capítulo IV foi escolhido como critério o modo de cumprimento da obrigação. Por ele temos: as obrigações simples, com uma só prestação; as obrigações alternativas, que se constituem em duas ou mais prestações e a escolha de uma delas pelo devedor, tratada nos arts. 252 a 256; as obrigações cumulativas, isto é, com duas ou mais prestações (não disciplinada pelo Código Civil); e as obrigações facultativas, ou seja, uma só prestação, mas com a possibilidade de o devedor exonerar-se cumprindo outra prestação. Considerada a divisibilidade da prestação, o Código Civil as distingue em divisíveis ou indivisíveis (Capítulo V, que compreende os arts. 257 a 263) e, considerada a pluralidade das partes, em obrigações únicas ou múltiplas. Esta última, levando em conta a responsabilidade do sujeito pela parte ou por toda a prestação, classifica-se em conjunta ou solidária (Capítulo VI, arts. 264 a 285).

Esses foram os critérios utilizados pelo Código Civil. A possibilidade de classificação não se esgota neles. A doutrina tem outros critérios. Dessa forma, as obrigações podem, ainda, ser consideradas de meio, de resultado e de garantia, pelo critério do fim; pura, condicional, modal ou a termo, considerando a existência ou não de elementos acidentais; líquidas ou ilíquidas, se certas quanto à sua existência e determinadas quanto ao seu objeto; principal ou acessória, reciprocamente consideradas; e, finalmente, natural ou civil.

---

2. O Código Civil alemão não se preocupou com este critério e, no Título I, refere-se somente à obrigação de prestação.

Capítulo 6
OBRIGAÇÕES DE DAR, DE FAZER E DE NÃO FAZER

1. Obrigações de dar: 1.1 Noções gerais – 1.2 Espécies – 1.3. Obrigação de dar coisa certa: 1.3.1 Atribuição dos riscos – 1.3.2 Atribuição dos cômodos – 1.4 Obrigação de restituir: 1.4.1 Atribuição dos riscos – 1.4.2 Atribuição dos cômodos – 1.5 Obrigações pecuniárias – 1.6 Obrigação de dar coisa incerta: 1.6.1 Conceito – 1.6.2 Indicação do gênero e da quantidade – 1.6.3 Classificação – 1.6.4 A questão da escolha. 2. Obrigações de fazer: 2.1 Conceito – 2.2 Espécies – 2.3 Conseqüências do descumprimento das obrigações de fazer. 3. Obrigações de não fazer: 3.1 Conceito – 3.2 Descumprimento das obrigações de fazer.

1. Obrigações de dar

1.1 Noções gerais

A prestação exigida numa obrigação de dar consiste na entrega, pelo devedor, de bem, móvel ou imóvel, material ou imaterial, ao credor. As obrigações de dar estão disciplinadas no Código Civil nos arts. 233 a 246 do CC.

1.2 Espécies

Se o bem, objeto da prestação, for individualizado, a obrigação será de dar coisa certa; se o bem, objeto da prestação, não for individualizado, a obrigação será de dar coisa incerta. Daí as duas espécies de obrigação de dar: certa (que inclui a obrigação de restituir e as obrigações pecuniárias) e incerta.

1.3 Obrigação de dar coisa certa

Na obrigação de dar coisa certa, o devedor compromete-se a entregar ao credor objeto certo e determinado. Essa obrigação é aquela em que se determinou e se individualizou o objeto a ser prestado, sendo impossível confundi-lo com outro qualquer.

O princípio essencial desta modalidade de obrigação é o da identidade da coisa devida, tanto que o devedor não se desobriga com a entrega de coisa diversa, ainda que mais valiosa, porque o credor não é obrigado a recebê-la.[1]

Trata-se de obrigação positiva, isto é, aguarda-se um comportamento ativo do devedor, que consiste, justamente, num dar. A palavra "dar", nesse caso, exprime a obrigação de transferir não somente a propriedade, como também a posse ou o uso provisório da coisa; exprime, ainda, a obrigação de restituir coisa alheia.

Esta modalidade de obrigação só confere ao credor mero direito pessoal (*jus ad rem*) e não direito real (*jus in re*). Por si, ela é insuficiente para transmitir a propriedade do bem, já que a aquisição da propriedade depende, tratando-se de bem móvel, da tradição (entrega) e, tratando-se de bem imóvel, do registro no Cartório de Registro de Imóveis. A obrigação de dar representa, na verdade, o motivo da transferência da propriedade.

Cumpre observar que, quanto ao bem móvel, em que a execução da obrigação de dar, consistente na entrega do bem certo pactuado, como visto, corresponde ao que denominamos *tradição* (art. 1.267 do CC), só então é que haverá a transferência da propriedade. Neste sentido a lição de M. I. Carvalho de Mendonça, *verbis*:

"Os contratos e as obrigações deles resultantes foram sempre, como são ainda, apenas um justo título para a aquisição da propriedade por transferência de um proprietário a outro; só produzem um direito puramente pessoal que, para o alienante, é a obrigação de entregar a coisa, e para o adquirente o de exigir a tradição. Antes de o alienante cumprir a obrigação que assume, nenhum domínio tem o adquirente. O

---

1. Diz o art. 313 do CC: "O credor não é obrigado a receber prestação diversa da que lhe é devida, ainda que mais valiosa".

alienante continua com a propriedade do objeto alienado, com sua livre disposição.

"O adquirente é um simples credor com ação pessoal para tornar efetiva a entrega devida, ou reaver o preço pago.

"Donde: a obrigação só se consuma pela tradição que efetua a passagem do domínio do alienante ao adquirente."[2]

Há sistemas jurídicos porém que adotam solução diversa. O sistema civil francês, por exemplo, admite a transferência da propriedade mediante o simples consenso. O credor transforma-se em proprietário da coisa tão logo celebrada a obrigação, independentemente de o devedor a ter cumprido ou não. De acordo com o magistério de Washington de Barros Monteiro: "A obrigação torna-se perfeita pelo só consentimento das partes contratantes; ela transforma o credor em proprietário, aceitando-lhe os riscos desde o instante em que a coisa deveria ter sido entregue, ainda que não tenha havido tradição. O contrato gera a obrigação e ao mesmo tempo transfere o direito real".[3] E de M. I. Carvalho de Mendonça: "Aí as obrigações transmitem a propriedade, neste sentido, que, não sendo essencial a tradição, o credor torna-se logo proprietário sem nenhuma outra formalidade especial posterior. O mesmo se dá com quaisquer outros direitos reais".[4]

A afirmação feita mais acima, dando conta da orientação acolhida pelo nosso ordenamento jurídico, não é destituída de conseqüências importantes, ou seja, a de que o devedor só deixa de ser o proprietário do bem quando realizado um dos atos necessários à transmissão da propriedade: a tradição ou o registro do título no Cartório de Registro de Imóveis. Assim, nesse caso, antes que isso ocorra, ele:

a) suporta os riscos do perecimento ou da deterioração do bem; e

b) pode (embora não deva), mesmo contraída a obrigação, transmitir o bem a terceira pessoa, restando ao credor da primeira obrigação demandar-lhe perdas e danos.

---

2. M. I. Carvalho de Mendonça, *Doutrina e Prática das Obrigações*, vol. 1, p. 170.

3. Washington de Barros Monteiro, *Curso de Direito Civil*, vol. 4, *Direito das Obrigações*, 1ª Parte, p. 57.

4. M. I. Carvalho de Mendonça, *Doutrina...*, cit., p. 166.

A disciplina jurídica das obrigações de dar visa a regular as situações de atribuição dos riscos; atribuição das vantagens ou dos cômodos das coisas, como será abordado a seguir.

1.3.1 *Atribuição dos riscos*

A atribuição do ônus dos riscos pela destruição e deterioração do bem, antes de cumprida a obrigação, reveste-se de grande importância. Tomemos esses exemplos retirados da obra de Silvio Rodrigues: (1) Vendida certa quantidade de papel e pago o preço, aquela se inutilizou em razão de inesperada inundação. Quem suporta o prejuízo? O vendedor, que não teve culpa pelo acontecido e que já recebeu o preço ou o comprador que já pagou o preço e que apenas não recebeu a mercadoria porque um evento de força maior destruiu a coisa objeto da prestação? (2) Um automóvel vendido sofreu, antes da entrega e sem culpa do vendedor, avaria em seu mecanismo. Quem deve suportar este prejuízo?

Dos artigos que disciplinam esses problemas (arts. 234 a 237 do CC) podemos extrair a conclusão de que o dono da coisa deve suportar o ônus da destruição ou da deterioração do bem; assim, nos exemplos acima, os donos eram os vendedores. Isto porque o Código Civil brasileiro adotou o sistema da tradição, considerando-a necessária para a transferência do domínio: ora, como não se operou a entrega (tradição) do bem, não houve sucessão no domínio, arcando os vendedores com os riscos da destruição ou da deterioração do bem.

De acordo com essa doutrina, "se a coisa certa, na obrigação de dar, perde-se sem culpa do devedor, antes da tradição ou pendente a condição suspensiva, liberta-se o devedor da obrigação, há a equivalência do fortuito e o contrato fica resolvido para ambas às partes".[5]

A resolução da obrigação demanda, se for o caso, a restituição, pelo devedor, do preço recebido do credor. A tradição, portanto, assume posição de relevo em face do critério eleito pelo nosso ordenamento de o dono sofrer os prejuízos pela perda ou deterioração da coisa: *res perit domino*.

A regra *res perit domino* ("a coisa perece para o dono") às vezes é excepcionada. No contrato estimatório, regulado pelos arts. 534 a 537,

---

5. Idem, p. 172.

os riscos pela perda e deterioração do bem correm por conta do consignatário e não por conta do consignante (proprietário) (CC, art. 535).

Na hipótese de deterioração, embora prevaleça a regra *supra*, abre-se ao credor a possibilidade de aceitar o bem no estado em que ele se encontra, abatendo-se do valor do preço a desvalorização experimentada. A destruição pode ocorrer também por culpa do devedor. Nesse caso, ele fica responsabilizado pelo pagamento ao credor do equivalente, mais os prejuízos experimentados por este. De acordo com Caio Mário da Silva Pereira, por "equivalente" entende-se a estimativa pecuniária do bem e não a sua substituição por outra semelhante, já que o dinheiro seria a moeda universal das sub-rogações e as coisas certas nunca teriam um equivalente preciso em outras coisas.[6]

A deterioração do bem por culpa do devedor também possibilita ao credor uma escolha: a) exigir o equivalente, ou b) aceitar a coisa no estado em que se encontra, com direito a reclamar em (a) ou (b) as perdas e danos.

O Código Civil não tratou da perda ou deterioração do bem por culpa do credor. É hipótese não tão remota. Cite-se o caso em que o credor demora em retirar o bem posto à sua disposição (art. 492, § 2º do CC). Neste caso, o devedor tem o direito a receber a contraprestação (normalmente o preço) combinada.

1.3.2 *Atribuição dos cômodos*

Denominamos cômodos os melhoramentos, os acréscimos experimentados pelo bem, objeto da prestação. Entre os acréscimos incluem-se os frutos naturais, civis e industriais.

Como regra, da mesma forma que o proprietário (devedor), antes da tradição, arca com o ônus derivado da deterioração beneficia-se dos melhoramentos e acréscimos experimentados pelo bem, conforme dispõe expressamente o art. 237 do CC. Os acréscimos pertencem a ele e, sendo indestacáveis da coisa certa a ser dada, o Código Civil permite-lhe pedir aumento no preço, ou, diante da discordância do credor, resolver a obrigação.

---

6. Caio Mário da Silva Pereira, *Instituições de Direito Civil*, vol. II, p. 39.

Transcrevemos a lição, nesse sentido, de M. I. Carvalho de Mendonça: "No caso de dar coisa certa, pertencem ao devedor os acréscimos e melhoramentos. Ele pode mesmo exigir do credor aumento do preço, pois que, realmente, a coisa não é mais o que era no momento da convenção e seu dono é quem deve lucrar com ela. Ora, antes da tradição, o credor não tem propriedade. Esta se liga ainda de tal modo à pessoa do devedor que, se o credor não anuir ao aumento do preço, pode aquele resolver a obrigação".[7]

Os frutos, como visto, dividem-se em percebidos ou pendentes. Os percebidos, antes da tradição, pertencem ao devedor. Porém, para que o devedor tenha direito a estes, é necessário que ele não esteja em atraso no cumprimento da obrigação. Logo, os frutos percebidos após a data fixada para o cumprimento da obrigação pertencem ao credor, em razão do que dispõe o art. 1.216 do Código Civil. Os pendentes, quando da tradição, pertencem ao credor, devendo ele, no entanto, pagar ao devedor as despesas de custeio e produção.

1.4 Obrigação de restituir

A obrigação de dar coisa certa pode ser uma obrigação de restituir. Segundo o magistério de Pontes de Miranda, "quem restitui dá, porém dá o que não é seu, nem de terceiro e sim do próprio credor, ou de alguém que ao credor outorgou a entrega. As obrigações de restituir são espécies das obrigações de dar".[8]

A diferença entre a obrigação de dar coisa certa e a obrigação de restituir reside no fato de, na primeira, o objeto da prestação pertencer ao devedor até a data da tradição, enquanto, na segunda, o objeto da prestação, desde o início da obrigação, pertence ao credor e, apenas no prazo combinado, será restituído a ele.

A prestação na obrigação de restituir coisa certa consiste no ato de devolver determinado objeto, cuja propriedade era do credor, por título anterior ao ato gerador do vínculo obrigacional.[9]

---

7. M. I. Carvalho de Mendonça, *Doutrina...*, cit., p. 177.
8. Pontes de Miranda, *Tratado de Direito Privado*, p. 91.
9. Washington de Barros Monteiro, *Curso...*, cit., vol. 4, p. 65.

1.4.1 Atribuição dos riscos

O critério para atribuir os riscos pela perda ou deterioração do bem na obrigação de restituir segue os mesmos princípios adotados para a obrigação de dar coisa certa.

De tal modo, se a coisa se perde antes da tradição, sem culpa do devedor, sofre o credor a perda, e a obrigação resolve-se, libertando-se o devedor. Isto porque o credor era o proprietário da coisa. É o mesmo princípio *res perit domino* só que, ao invés do devedor, é o credor quem é o proprietário do bem.

O credor, no entanto, conserva intactos todos os seus direitos anteriores até o dia da perda (CC, art. 238).

Se a coisa perece por culpa do devedor, ele responderá pelo equivalente com perdas e danos.

Se a coisa se deteriora sem culpa do devedor, o credor a receberá no estado em que se achar, sem que tenha direito de exigir indenização.

Se, ainda, a coisa se deteriorar por culpa do devedor, o credor pode aceitá-la, como esta se achar, ou exigir o seu equivalente, com direito de reclamar, em qualquer dos casos, indenização por perdas e danos.

1.4.2 Atribuição dos cômodos

Lucrará o credor com o aumento ou a melhoria do bem a ser restituído se este ocorrer sem despesa ou trabalho do devedor; desse modo, o credor estará dispensado de indenizar o devedor.

Se o devedor concorreu com trabalho ou despesa para a melhoria do bem, é preciso distinguir se ele estava de boa ou má-fé. Estando de boa-fé, o devedor tem o direito a ser indenizado das benfeitorias necessárias e úteis, podendo exercer o direito de retenção do bem; já, quanto às voluptuárias, ele poderá levantá-las desde que não haja detrimento da coisa. Se, por outro lado, o devedor estava de má-fé terá direito apenas à indenização das benfeitorias necessárias.

Os frutos percebidos, antes da tradição, pertencem ao devedor. Contudo, para que ele tenha esse direito, é necessário que não esteja em atraso no cumprimento da obrigação. Logo, os frutos percebidos após a data fixada para o cumprimento da obrigação pertencem ao credor, em razão do que dispõe o art. 1.216 do CC. Os pendentes quando da tradição pertencem ao credor, devendo ele, no entanto, pagar ao devedor as despesas de custeio e produção.

1.5 Obrigações pecuniárias

A obrigação pecuniária é obrigação de entregar dinheiro ou pagar uma dívida em dinheiro. De acordo com o art. 315 do CC: "as dívida em dinheiro devem ser pagas no vencimento, em moeda corrente e pelo valor nominal, salvo o disposto nos artigos subseqüentes", que prevêem a possibilidade de corrigi-lo monetariamente.

O Código Civil adotou o princípio do nominalismo, que considera como valor da moeda o valor nominal que o Estado lhe atribuiu no ato de emissão, e que, aplicado, serve para liberar o devedor de uma quantia em dinheiro pela entrega da mesma quantia em moeda prevista no contrato ou no título da dívida, ainda que o valor real tenha sido corroído pela inflação.

A cláusula de escala móvel ou cláusula de correção, que permite atualizar o valor da prestação por um índice que reflita a inflação, foi um mecanismo criado para combater os efeitos nocivos da desvalorização monetária e que, desde o advento da Lei 10.192, de 14.2.2001, deve atender a periodicidade ânua.

A moeda corrente nacional no Brasil, o real, tem curso legal – isto é, não pode ser recusada – e, forçado, isto é, salvo exceções, é a única admitida pela lei como meio de pagamento no País.

A dívida pecuniária distingue-se da dívida de valor porquanto nesta última, o dinheiro apenas a representa, impondo-se, necessariamente, sua atualização monetária, como ocorre nas obrigações de indenizar por ato ilícito e nas obrigações alimentares.

1.6 Obrigação de dar coisa incerta

1.6.1 Conceito

A *obrigação de dar coisa certa* tem o objeto da prestação – isto é, o bem que deve ser entregue ao credor pelo devedor – *perfeitamente identificado, individualizado,* enquanto na *obrigação de dar coisa incerta,* o objeto da prestação é *relativamente indeterminado.* Diz-se re-

lativamente indeterminado porque o Código Civil, no art. 243, exige a indicação ao menos do gênero e da quantidade.

Com isso, o Código Civil proibiu a indeterminação absoluta do objeto da prestação, que, se presente, acarretaria, como conseqüência, para Washington de Barros Monteiro, a *nulidade* da obrigação, e para Pontes de Miranda, a *inexistência* da obrigação, conforme lições transcritas respectivamente a seguir:

"Pois bem: na obrigação de dar coisa incerta, deverá ser esta indicada, ao menos, pelo gênero e quantidade. Se o Código [*CC/1916*], no citado art. 874 [*correspondente ao art. 243 do CC/2002*], ao invés do gênero, houvesse aludido à espécie, estaria a indicar a própria coisa, já determinada e individuada, e a obrigação seria de dar coisa certa. Por outro lado, se a indeterminação fosse absoluta, a disposição seria nula. A indeterminação absoluta não gera obrigação, porque não pode ser objeto de prestação. Assim, a vaga promessa de entregar alguma coisa, sem outras especificações, não cria direitos obrigacionais, porque o promitente não precisa o ato sobre o qual se concentrará sua atividade e o credor não dispõe de elementos para compenetrar-se daquilo que pode exigir do obrigado."[10]

"A obrigação de dar coisa incerta que não se poderia tornar certa não é obrigação: não é nula, porque não se trata, aí, de impossibilidade do objeto, mas sim de indeterminabilidade, que pré-exclui haver-se querido."[11]

Conceitua-se, portanto, obrigação de dar coisa incerta como aquela em que o objeto, indicado de forma genérica no início da relação, vem a ser determinado posteriormente mediante um ato de escolha por ocasião do seu adimplemento.

1.6.2 Indicação do gênero e da quantidade

A obrigação de dar coisa incerta não é determinada, mas determinável e deve indicar, ao menos, gênero e quantidade.

---

10. Idem, p. 79.
11. Pontes de Miranda, *Tratado de Direito Privado*, Parte Especial, t. XXII, p. 100.

Vale lembrar que o Código Civil dá às palavras "gênero" e "espécie" significação diversa da existente nas ciências naturais, pois que aceita a significação do Direito Romano. "Gênero", para o Código Civil, significa o conjunto de seres semelhantes e "espécie", o ser isoladamente considerado. Portanto, para os civilistas, *gênero* é a reunião de espécies semelhantes e espécie o corpo certo, a coisa individuada, o objeto determinado, enquanto que, para as ciências naturais, gênero é um grupo de espécies e espécie é um elemento do gênero caracterizado por determinado sinal distintivo. O gênero encerra várias espécies e a espécie encerra vários indivíduos ou entes.

Assim, como mencionado, além do gênero determinado, exige o art. 243 do CC a indicação da *quantidade*. Neste sentido, a lição de Washington de Barros Monteiro: "Não basta, contudo, mencionar o gênero; é preciso ainda discriminar o respectivo número ou quantidade. A determinação genérica deve ser completada pela determinação numérica ou quantitativa. De mister assim se indique o número ou a quantidade devida".[12]

1.6.3 *Classificação*

As obrigações de dar coisa incerta chamam-se, também, obrigações *genéricas*. Elas subdividem-se em *genéricas* ou *puramente genéricas* e *quase-genéricas* ou *restritamente genéricas*. Isto porque o gênero pode ser limitado ou ilimitado.

O gênero limitado é determinado por certos fatores temporais ou espaciais: o gênero está limitado a um certo lugar, no patrimônio de alguém ou a determinada época ou acontecimento, conforme bem demonstrou Washington de Barros Monteiro: "No gênero limitado (em que as obrigações são às vezes denominadas quase-genéricas) existe uma delimitação; ele é circunscrito às coisas que se acham num certo lugar, no patrimônio de alguém ou sejam relativas a determinada época ou acontecimento; por exemplo, os bois de tal invernada ou de tal fazenda, o vinho de certa vindima, os livros de determinada edição, os créditos do devedor".[13]

---

12. Washington de Barros Monteiro, *Curso...*, cit., vol. 4, p. 80.
13. Idem, p. 83.

1.6.4 A questão da escolha

O cumprimento da obrigação de dar coisa incerta pressupõe o transcurso de um caminho, de um *iter*. O cumprimento é precedido da escolha do bem; essa escolha, ato de seleção da coisa constante do gênero a ser entregue ao credor, põe fim à relativa indeterminação da obrigação.

A escolha, no caso da obrigação de dar coisa incerta, diversamente do que ocorre na obrigação alternativa (v. Capítulo VII), não concentra a prestação, mas concretiza-a.[14] Ela é, via de regra, ato unilateral. No silêncio das partes, o Código Civil, supletivamente, a atribui ao devedor (CC, art. 244). Nada impede, contudo, que por acordo das partes a escolha pertença ao credor ou mesmo a um terceiro.

Embora seja ato unilateral, a escolha não representa ato arbitrário. Ela deve ser exercida dentro de certos limites, impostos pelo Código Civil, de tal sorte que, se for atribuída ao devedor ela não deve recair nem sobre o pior nem sobre o melhor do gênero, mas recair no médio (CC, art. 244). Esta regra, denominada *princípio jurídico do meio-termo*, garante um equilíbrio quantitativo entre interesses opostos e evita que uma das partes seja prejudicada pela outra.

A escolha torna-se direito do devedor quando: a) as partes assim o combinem; ou b) as partes silenciem quanto a quem cabe o direito de escolha. Por outro lado, se a escolha for atribuída ao credor – para alguns autores, entre eles Silvio Rodrigues –, não haverá a necessidade de ele obedecer ao princípio jurídico do meio-termo. Ele poderá escolher e exigir o melhor do gênero. Esta conclusão derivaria da aplicação analógica do art. 1.931 do CC.[15]

No entanto, no caso de o devedor cumprir a obrigação escolhendo o bem de melhor qualidade, poderia o credor rejeitar a prestação sob o argumento de que o seu interesse era o de receber bem de qualidade inferior? Pontes de Miranda responde a esta indagação lembrando que o credor somente pode rejeitar a prestação se alegar e

---

14. Pontes de Miranda, *Tratado...*, cit., p. 109.
15. CC, art. 1.931: "Se a opção foi deixada ao legatário, este poderá escolher, do gênero determinado, a melhor coisa que houver na herança; e, se nesta não existir coisa de tal gênero, dar-lhe-á de outra congênere o herdeiro, observada a disposição na última parte do art. 1.929".

provar que seu interesse se firmou especialmente na qualidade média, ou outra, intercalar.[16]

Para que ocorra a escolha não basta a separação da coisa pelo devedor. É necessário, quando não a entrega pelo menos a disponibilização da coisa ao credor. De acordo com a opinião de Washington de Barros Monteiro, "Efetivamente, não basta, absolutamente, que o devedor separe o produto para entregá-lo ao credor. É mister realize ainda o ato positivo de colocá-lo à disposição deste (...). Enquanto a coisa não é efetivamente entregue, ou, pelo menos, posta à disposição do credor, impossível a desoneração do devedor. (...) o legislador pátrio exige a entrega, ou, ao menos, que a coisa devida seja posta à disposição do credor".[17]

Ainda sobre esse assunto, de acordo com o magistério de Pontes de Miranda: "Não basta que o devedor envie a coisa ao credor: é preciso que ele faça saber ao credor que adimple, com a coisa enviada, a obrigação genérica. Nas obrigações genéricas à distância, o credor tem de comunicar a concentração antes de remeter, ou entregar ao transportador".[18]

Antes da escolha o objeto da prestação é indeterminado. Ele é identificado apenas pelo gênero. Desta forma, ao devedor torna-se impossível exonerar-se de sua obrigação sob o argumento de não poder cumpri-la porque houve o perecimento ou a deterioração da coisa (CC, art. 246).

Tal impossibilidade decorre da assertiva "o gênero nunca perece". Ela, como visto, impede o devedor de exonerar-se da obrigação mesmo quando alegue a força maior. Isto porque sempre será possível obter a coisa devida.

Esse princípio – *o gênero nunca perece* – sofre restrições a partir da classificação anteriormente proposta de gênero limitado ou gênero ilimitado.

Na primeira hipótese, o gênero encontra-se limitado por circunstância temporal ou espacial como, por exemplo, livros de uma determinada edição; bois de uma determinada invernada; vinhos de uma certa safra. O perecimento de todo o gênero limitado, nesse caso, inviabiliza o cumprimento da obrigação.

---

16. Pontes de Miranda, *Tratado*..., cit., p. 103.
17. Washington de Barros Monteiro, *Curso*..., cit., p. 84.
18. Pontes de Miranda, *Tratado*..., cit., p. 108.

Na segunda, o gênero é ilimitado e, portanto, o perecimento de algumas espécies não inviabiliza o cumprimento da obrigação pelo devedor.

Vale lembrar passagem de Washington de Barros Monteiro, já transcrita, em parte, acima:

"No gênero limitado (em que as obrigações são às vezes denominadas quase-genéricas) existe uma delimitação; ele é circunscrito às coisas que se acham num certo lugar, no patrimônio de alguém ou sejam relativas a determinada época ou acontecimento (...); Se o *genus* é assim delimitado, o perecimento ou inviabilidade de todas as espécies que o componham acarretará a extinção da obrigação.

"No *genus illimitatum*, como o próprio vocábulo está a indicar, não existe qualquer restrição à regra *genus nunquam perit* ou *genus perire non censetur*. Contudo, o *genus illimitatum* não deve ser confundido com o *genus summum*, em que, devido à sua desmesurada amplitude, tolhida fica ao objeto da relação obrigacional a possibilidade de qualquer determinação, como se o devedor prometesse, exemplificativamente, um animal, sem determinar-lhe a espécie."[19]

Por fim, determinada a coisa, aplicam-se à obrigação as regras previstas para a obrigação de dar coisa certa (CC, art. 245).

2. Obrigações de fazer

As obrigações de fazer estão disciplinadas no Código Civil nos arts. 247 a 249.

2.1 Conceito

A obrigação de fazer, em geral, indica a obrigação do devedor de realizar um ato qualquer que não transfira direito sobre coisa ou bem ao credor. Se a prestação implica na transferência do domínio, há obrigação de dar; se a prestação não implica na transferência do domínio, há obrigação de fazer.

---

19. Washington de Barros Monteiro, *Curso...*, cit., p. 83.

A obrigação de fazer implica na prestação de fato, enquanto a obrigação de dar implica na prestação de coisa. É a opinião, respectivamente, de M. I. Carvalho de Mendonça e de Miguel Maria Serpa Lopes, *verbis*:

"Apenas esta pode ser um simples fato, ou a transmissão de um direito sobre a coisa. Daí a técnica moderna: prestação de coisas para as obrigações de dar e prestação de fato para as de fazer e não-fazer."[20]

"Além da obrigação de dar, que, como já vimos, se caracteriza por prestações de coisa, há a prestação de fato, concernente à prestação de fazer ou de não fazer."[21]

Há áreas nebulosas que nos impedem de precisar se estamos diante de uma obrigação de dar ou de fazer. Isto porque fundamentalmente toda obrigação é uma prestação de fazer, um *facere*. Por exemplo, é de dar ou de fazer a obrigação que tem o devedor de fabricar um objeto cuja propriedade deva ser adquirida pelo credor? Washington de Barros Monteiro entende que é obrigação de fazer e não de dar, *verbis*: "O *substractum* da diferenciação está em verificar se o *dar* ou o *entregar* é ou não conseqüência do *fazer*. Assim, se o devedor tem de dar ou de entregar alguma coisa, não tendo, porém, de fazê-la previamente, a obrigação é de dar; todavia, se, primeiramente, tem ele de confeccionar a coisa para depois entregá-la, se tem ele de realizar algum ato, do qual será mero corolário o de dar, tecnicamente a obrigação é de fazer".[22]

Por outro lado, embora qualificada como obrigação de dar, não seria de fazer a obrigação de conservar a coisa a ser entregue?

A distinção não pode ser levada a extremos e há casos em que não resta outra saída senão a de reconhecer a existência de duas obrigações distintas, uma de dar e outra de fazer, como, por exemplo, no contrato de empreitada em que o empreiteiro se comprometeu a contribuir para determinada obra com a mão-de-obra e com os materiais necessários.

A obrigação de fazer abrange o serviço humano em geral, material ou imaterial.

20. M. I. Carvalho de Mendonça, *Doutrina...*, vol. 1, cit., p. 182.
21. Miguel Maria Serpa Lopes, *Curso de Direito Civil*, vol. II, p. 60.
22. Washington de Barros Monteiro, *Curso de Direito Civil*, cit., p. 87.

2.2 Espécies

A obrigação de fazer pode ser infungível ou fungível.

Na primeira, também denominada *intuitu personae*, a contratação da obrigação se dá em razão das qualidades do devedor e, por isso, somente ele poderá prestar o serviço combinado. De acordo com o magistério de Washington de Barros Monteiro, "ao serem contraídas, se leva geralmente em conta a pessoa do devedor, confiando assim o credor na sua reputação, capacidade, habilitação profissional, títulos, experiências, tirocínio e idoneidade (...) se atendem, muitas vezes, à probidade, retidão, pontualidade, confiança e outras condições pessoais do devedor. As obrigações de fazer são, pois, principalmente, *intuitu personae*".[23]

Na segunda, o credor está interessado no cumprimento da prestação pouco importando as qualidades do devedor. Diz-se então ser fungível a obrigação de fazer, pois pessoa diversa do devedor poderá cumprir a obrigação sem que o credor possa insurgir-se: "(...) há casos em que indiferente será ao credor a individualidade do devedor; se se trata, por exemplo, da pintura de uma parede, ou do conserto de um relógio, pouco importa ao credor seja tal serviço executado por este ou por aquele operário, por este ou aquele profissional, contanto que se efetive o serviço desejado; o essencial é que o fato prometido se execute pelo modo ajustado".[24]

Destaque-se, porém, que a regra é a fungibilidade da obrigação. A infungibilidade é a exceção, por isso vale examiná-la mais detidamente.

A infungibilidade pode decorrer do próprio objeto da prestação. Quer dizer, o serviço a ser prestado somente pode ser realizado por determinada pessoa, face suas qualidades pessoais. A infungibilidade decorreria das circunstâncias e nesse caso somente o devedor, pessoalmente, pode executar o serviço (CC, art. 247). Exemplo: se um promotor de lutas contrata um pugilista profissional para um combate, evidente que o empresário do pugilista profissional não pode apresentar outro, seja ele quem for. Daí a infungibilidade poder resultar de acordo celebrado pelas partes. Neste caso, as partes combinam que a prestação

---
23. Idem, p. 90.
24. Idem, p. 90.

só pode ser satisfeita pelo próprio devedor e, sendo infungível a obrigação de fazer, o credor pode recusar que terceiro a preste.

2.3 Conseqüências do descumprimento das obrigações de fazer

Se a obrigação deixar de ser cumprida sem culpa do devedor, o art. 248, primeira parte, do CC determina a resolução da obrigação, isto é, o retorno das partes ao estado anterior à contratação: "Se a prestação do fato tornar-se impossível sem culpa do devedor, resolver-se-á a obrigação; (...)".

Se o devedor causou, culposamente, o descumprimento da obrigação responde por perdas e danos, conforme dispõe o art. 248, segunda parte: "(...) se por culpa dele, responderá por perdas e danos."

O descumprimento da obrigação de fazer voluntário pelo devedor recebe tratamento legislativo diverso em decorrência da espécie de obrigação de fazer. Se for fungível a obrigação de fazer, isto é, daquelas em que a prestação pode ser cumprida por terceiro, o credor terá a possibilidade de mandar executar a prestação por terceiro, à custa do devedor e exigir dele as perdas e os danos devidos (CC, art. 249).

Como regra, a execução por terceiro à custa do devedor depende de prévia autorização judicial. O credor está impedido de agir por conta própria, exceto nos casos de urgência em que o Código Civil lhe permite, sem prévia autorização judicial, executar ou mandar executar o fato. Nessa hipótese o credor paga ao terceiro que executar a prestação e depois busca o ressarcimento junto ao devedor, de acordo com o texto do parágrafo único do art. 249: "Em caso de urgência, pode o credor, independentemente de autorização judicial, executar ou mandar executar o fato, sendo depois ressarcido".

Se a obrigação de fazer for infungível, como regra, não há como obter a execução direta da obrigação em obediência a princípio que proíbe a coação direta de alguém para praticar ato a que se obrigara. Respeitar-se-ia a liberdade individual do devedor, restando ao credor, tão-somente, a indenização por perdas e danos. Como bem pondera Washington de Barros Monteiro, "o direito à prestação não confere ao credor um poder direto sobre a pessoa do devedor. O remédio será obrigá-lo a ressarcir os danos causados, por intermédio da competente ação de indenização. Cuidar-se-á, destarte, de mera aplicação do princípio *nemo potest precise cogi ad factum* ou *nemo ad faciendum cogi potest*, duas formas diversas de expressar a mesma verdade (ninguém pode ser diretamente coagido a praticar o ato a que se obrigara)".[25]

Esta orientação encontra-se prevista no art. 247 do CC: "Incorre na obrigação de indenizar perdas e danos o devedor que recusar a prestação a ele só imposta, ou só por ele exeqüível".

Citada orientação, no entanto, não deve conflitar com o que foi desenvolvido na disciplina de Processo Civil, ao visar à maior efetividade da prestação jurisdicional. Ela não deve representar um retrocesso nas conquistas obtidas no tema da execução específica das obrigações de fazer infungíveis.

3. Obrigações de não-fazer

3.1 Conceito

A obrigação de não-fazer – disciplinada nos arts. 250 e 251 do CC – é aquela pela qual o devedor se compromete a não praticar certo ato. O objeto da prestação é uma abstenção, um suportar ou um tolerar atividade alheia ou, ainda, um não-dar. Nela, como nas demais, espera-se uma ação humana, só que nas obrigações de não-fazer a ação humana representa uma abstenção ou a tolerância de atividade alheia.

Alguns exigem que a abstenção diga respeito a ato lícito, isto é, ato que poderia ser livremente praticado pelo interessado, se ele não houvesse se obrigado. Entre eles, Washington de Barros Monteiro, que define a obrigação de não-fazer como "aquela pela qual o devedor se compromete a não praticar certo ato, *que poderia livremente praticar*, se não houvesse se obrigado".[26]

Pontes de Miranda crê que não há dispositivo regulando a promessa de não fazer o juridicamente impossível, atribuindo-lhe validade: "Surge, de início, o problema dos atos proibidos, isto é, dos atos que o devedor não poderia, juridicamente, praticar, como cortar as árvores

---

25. Idem, p. 94.
26. Idem, p. 100.

alheias, inclusive as árvores bens públicos ou de uso comum. Há duas atitudes radicais: (a) a promessa de não praticar o ato ilícito, positivo ou negativo, a) é nula, ou b) não faz nascer qualquer obrigação, por não entrar no mundo jurídico; (b) a promessa de não praticar o ato ilícito gera obrigação. No Direito brasileiro, há regras jurídicas sobre as condições de fazer o juridicamente impossível (Código Civil [*1916*], art. 116, segunda parte). Nada se estatui sobre a promessa de não fazer o juridicamente impossível, porque a regra jurídica do Código Civil [*1916*], art. 145, II, não a apanha, posto que faça nula a promessa de fazer o juridicamente impossível".[27]

Citamos como exemplos de obrigações de não fazer: (a) não se estabelecer comercialmente numa determinada rua, bairro ou cidade; (b) obrigar-se o locatário a não alterar a destinação do imóvel alugado; (c) não edificar além de certa altura para não interceptar a vista de um vizinho.

Como todo ato jurídico o objeto deve-se manter dentro dos limites da moralidade e da legalidade. Por isso costuma-se afirmar que, em qualquer caso, para que seja válida a estipulação, é necessário que ela não restrinja excessivamente a atividade do devedor a ponto de lhe sacrificar a liberdade, como por exemplo, o ajuste que proibisse o devedor de empregar-se ou de exercer qualquer atividade.

3.2 Descumprimento das obrigações de fazer

A exemplo do que ocorre com outras espécies de obrigações, o descumprimento inculposo do devedor implica na extinção da obrigação, retornando as partes ao estado anterior em que se encontravam antes de ajustada a obrigação. De acordo com Caio Mário da Silva Pereira: "Quando se impossibilita a abstenção do fato, sem culpa do devedor, a obrigação extingue-se. Se por uma força maior o devedor é compelido a realizar o ato, o vínculo extingue-se, sem direito a reclamação, *ad instar* do que se dá com as obrigações positivas. Se eventualmente o credor tiver feito algum adiantamento ao devedor, cabe a este restituí-lo, não como indenização, mas porque a resolução da *obligatio* repõe as

---

27. Pontes de Miranda, *Tratado de Direito Privado*, Parte Especial, t. XXII, p. 113.

partes no *statu quo ante*, sem o que haveria locupletamento indevido do devedor".[28]

Caso o descumprimento da obrigação ocorra por culpa do devedor, ele estará sujeito a dupla sanção: (a) desfazer o ato, pessoalmente ou por terceiro, às suas expensas; (b) indenizar as perdas e os danos do credor. Estas sanções estão previstas expressamente no art. 251 do Código Civil.

O desfazimento do ato, no caso de recusa do devedor, pode ser realizado por terceiro, às expensas do devedor. Aqui há necessidade de prévia autorização judicial, salvo em casos de urgência, quando o desfazimento do ato, à custa do devedor, pode ser feito pelo credor ou por terceiro, a mando do credor, sem prévia autorização judicial, *verbis*: "Art. 251. (...) Parágrafo único. Em caso de urgência, poderá o credor desfazer ou mandar desfazer, independentemente de autorização judicial, sem prejuízo do ressarcimento devido".

O credor pode perder o interesse em mandar desfazer o ato ou, ainda, pode ser o seu desfazimento impossível de duas formas: a) objetivamente; b) por implicar violência contra o devedor. Washington de Barros Monteiro cita como exemplo (a) da impossibilidade objetiva do desfazimento o caso em que o funcionário, empregado de certa indústria, comprometeu-se a não revelar aos concorrentes os segredos de um processo especial de fabrico, mas acabou fazendo-o. Segundo ele, violada a obrigação, não é mais possível desfazer a insídia. Cita, por sua vez, como exemplo (b) do desfazimento implicar violência contra o devedor o comerciante que, ao alienar o seu estabelecimento comercial, comprometeu-se a não se estabelecer de novo na mesma cidade, durante certo prazo, mas o fez. Neste caso, seria impossível o fechamento por ordem judicial desse segundo estabelecimento por constituir constrangimento corporal, violência física contra o devedor, inadmissível em Direito.[29]

Nos casos de inviabilidade do desfazimento do ato, o descumprimento da obrigação resolve-se, tão-somente, em perdas e danos, *verbis*: "A obrigação negativa, desde que inviável o desfazimento, se resolve em perdas e danos. Não existe outra alternativa".[30]

28. Caio Mário da Silva Pereira, *Instituições de Direito Civil*, vol. II, p. 47.
29. Washington de Barros Monteiro, *Curso de Direito Civil, Direito das Obrigações*, Primeira Parte, p. 103.
30. Idem, ibidem.

E mais: "Se não for mais possível desfazer o ato, ou se não for mais oportuno, dá-se a sub-rogação da dívida no *id quod interest*, isto é, o devedor sujeita-se à reparação do prejuízo."[31]

---

31. Caio Mário da Silva Pereira, *Instituições de Direito Civil*, vol. II, p. 48.

Capítulo 7

OBRIGAÇÕES CUMULATIVAS, ALTERNATIVAS, FACULTATIVAS, DIVISÍVEIS, INDIVISÍVEIS E SOLIDÁRIAS

1. Obrigações cumulativas. 2. Obrigações alternativas: 2.1 Conceito e noções gerais – 2.2 Conseqüências da impossibilidade superveniente das prestações. 3. Obrigações facultativas: 3.1 Conceito – 3.2 Diferenças com as obrigações alternativas. 4. Obrigações divisíveis ou indivisíveis: 4.1 Interesse da divisão – 4.2 Regime da divisibilidade – 4.3 Regime da indivisibilidade: 4.3.1 Pluralidade de devedores ou concurso passivo – 4.3.2 Pluralidade de credores ou concurso ativo – 4.3.3 Relações internas entre credores. 5. Obrigações solidárias: 5.1 Considerações gerais – 5.2 Conceito – 5.3 Natureza jurídica – 5.4 Pontos fundamentais – 5.5 Princípios que regem a solidariedade: 5.5.1 Espécies: 5.5.1.1 Solidariedade ativa (multiplicidade de credores) – 5.5.1.2 Solidariedade passiva – 5.5.1.3 Impossibilidade da prestação – 5.5.1.4 Defesa do devedor.

1. Obrigações cumulativas

Em regra a obrigação tem por objeto uma só prestação (ex.: a entrega de um quadro), mas muitas vezes a obrigação engloba mais de uma prestação (ex.: entregar um quadro e restaurar outro). Damos o nome de *obrigações cumulativas* ou *conjuntivas* às obrigações que contêm mais de uma prestação que liberam o devedor mediante a realização conjunta de uma e outra.

É importante distinguir obrigações cumulativas, com várias prestações ligadas entre si por um nexo, o que as reduz a uma unidade incindível, das obrigações distintas, reunidas acidentalmente em um único instrumento jurídico. Nas obrigações cumulativas, o correto cumprimento da obrigação demanda a realização de todas as prestações e não de apenas uma.

2. Obrigações alternativas

2.1 Conceito e noções gerais

As obrigações alternativas são aquelas em que o devedor, para liberar-se, deve realizar uma dentre duas ou mais prestações previstas no vínculo obrigacional. Elas vêm reguladas nos arts. 252 a 256 do CC.

É o caso de alguém que se obriga a entregar a outrem o cavalo Tornado *ou* o boi Marrom. Essa modalidade de obrigação tem uma pluralidade de objetos; ao invés de serem devidos todos eles, que corresponde à obrigação dita conjuntiva ou cumulativa (obrigo-me a dar o trator "x" *e* o caminhão "y"), é devido, tão-somente, um dentre os objetos, obrigação dita disjuntiva (obrigo-me a dar o trator "x" *ou* o caminhão "y").

Assim sendo, a obrigação alternativa tem dois traços considerados fundamentais à sua configuração. O primeiro deles é a pluralidade de prestações; o segundo deles é a possibilidade de o devedor cumprir a obrigação mediante a realização de uma única prestação.

As prestações podem ser heterogêneas, quer dizer, não há necessidade de todas as prestações pertencerem a um único gênero (dar, fazer ou não fazer). Uma pode ser de dar, a outra de fazer e a outra de não fazer.[1] Parte da doutrina exige, no entanto, que as prestações sejam certas. Inexistiria obrigação alternativa se as prestações fossem incertas. De acordo com a posição de M. I. Carvalho de Mendonça, "Existe igualmente frisante diferença entre a alternativa e a obrigação de gênero. Esta é, sem dúvida, indeterminada como aquela; mas a indeterminação de seu objeto é muito mais vasta, ao passo que os objetos da alternativa são desde o princípio individualizados, sendo, portanto, mais restrita a escolha. O que caracteriza a alternativa é a individuação dos objetos. Nela a opção determina o objeto já especificado; nas de gênero o *incertum ex certis*, é preciso especificar o indeterminado".[2]

---

1. M. I. Carvalho de Mendonça, *Doutrina e Prática das Obrigações*, vol. I, p. 194: "Posto que o caso mais ordinário manifestado na prática seja de duas prestações, as alternativas podem compreender a prestações de fatos com alternativa, ou alternativa de mais de duas coisas, uma coisa e um fato ou uma abstenção".
2. Idem, p. 197.

Essa, entretanto, não nos parece ser a melhor doutrina. A pluralidade de prestações na obrigação alternativa pode ser também de prestações genéricas, como defende Washington de Barros Monteiro: "Como se vê, a obrigação alternativa, na sua infinita variedade, pode objetivar coisas, fatos, serviços e abstenções, isto é, obrigações de dar ou de restituir, de fazer e de não fazer; pode ainda objetivar coisas determinadas individualmente ou *prestações genéricas*" (grifos nossos).[3]

Nas obrigações alternativas há uma unidade de vínculo obrigacional, mas pluralidade de objetos, cumprindo o devedor a obrigação mediante o cumprimento de uma única prestação. Para Silvio Rodrigues "a obrigação é alternativa quando, embora múltiplo o seu objeto, o devedor se exonera satisfazendo uma das prestações". Caio Mario da Silva Pereira vê na obrigação alternativa uma unidade de vínculo e pluralidade de prestações, liberando-se, contudo, o devedor mediante o pagamento de uma só delas. É aquela, para Washington de Barros Monteiro, que tem por objeto duas ou mais prestações, das quais uma somente será efetuada.[4]

A *escolha* nas obrigações alternativas tem importância fundamental. Pela escolha acontece a determinação da prestação a ser cumprida. Essa escolha é diferente daquela das obrigações genéricas, pois nestas últimas a escolha é interna e refere-se a qualquer bem dentro do gênero. Já nas obrigações alternativas a escolha é externa e refere-se às prestações "a" ou "b". Se a obrigação alternativa contiver prestações genéricas haverá dupla escolha. A primeira entre as prestações genéricas e a segunda entre os bens do gênero escolhido.

A escolha pode ser atribuída ao devedor, ao credor ou a terceiro. Ao devedor atribui-se o direito à escolha naturalmente, quer dizer, nada sendo estipulado em contrário a ele cabe a escolha (CC, art. 252, *caput*). Tal posição encontra seu fundamento na regra também geralmente aceita de que as obrigações se interpretam contra quem se estipula, em fa-

---

3. Washington de Barros Monteiro, *Curso de Direito Civil*, vol. 4, *Direito das Obrigações*, 1ª Parte, p. 109.
4. Silvio Rodrigues, *Direito Civil*, p. 45; Caio Mario da Silva Pereira, *Instituições de Direito Civil*, vol. II, p. 76; Washington de Barros Monteiro, *Curso...*, cit., p. 108.

vor de quem assumiu a obrigação.[5] A escolha pode igualmente, como visto, caber ao credor, pois, isto não é proibido por lei e as partes podem assim deliberar. Mas devem fazê-lo de modo inequívoco, embora não exista forma prevista. Neste sentido o ensinamento de M. I. Carvalho de Mendonça e de Washington de Barros Monteiro:

"Quando a escolha for por estipulação deferida ao credor, deve sê-lo por palavras expressas e bem claras, como devem aliás ser todos os atos de manifestação da vontade, que venham derrogar regras postas por lei."[6]

"Mas é preciso seja expressa, embora não se requeiram palavras sacramentais. Não havendo pacto concludente, instituindo a *electio creditoris*, não pode o credor irrogar-se semelhante atribuição."[7]

A escolha pode ser atribuída também a terceiro. Neste caso, parte da doutrina, na vigência do Código Civil de 1916, sustentou não haver mais obrigação alternativa e sim obrigação condicional, visto que a escolha pelo terceiro constituiria verdadeira condição para o aperfeiçoamento da obrigação. Este é o ensinamento de Washington de Barros Monteiro: "Quando a escolha cabe a terceiro, ela vale como verdadeira condição. Sua deliberação é assim imprescindível, constituindo verdadeiro requisito para o aperfeiçoamento do negócio jurídico. Se o terceiro, por doença, morte, ausência, recusa ou outro impedimento, não realiza a escolha, a obrigação não se completará, daí resultando sua nulidade, por falta de um de seus elementos essenciais".[8]

Pelo Código Civil de 2002 o impedimento à realização da escolha pelo terceiro não é causa de nulidade da obrigação em razão da redação do § 4º do art. 252, pois que tal dispositivo permite ao juiz a escolha, se

---

5. M. I. Carvalho de Mendonça, *Doutrina*..., cit., p. 198 e Washington de Barros Monteiro, *Curso*..., cit., p. 111, para quem há duas razões para a lei atribuir precedência ao devedor: a) o abrandamento da posição do devedor, reputado como o mais fraco no jogo contratual e b) o cumprimento da obrigação que depende sobretudo da atuação do devedor.
6. M. I. Carvalho de Mendonça, *Doutrina*..., cit., p. 199.
7. Washington de Barros Monteiro, *Curso*..., cit., vol. 4, *Direito das Obrigações*, 1ª Parte, p. 113.
8. Idem, ibidem.

não houver acordo entre as partes: "§ 4º. Se o título deferir a opção a terceiro, e este não quiser, ou não puder exercê-la, caberá ao juiz a escolha se não houver acordo entre as partes".

A escolha da prestação a ser cumprida pode ser determinada, inclusive, por sorteio, como permite o art. 817 do CC. Esta a opinião de Washington de Barros Monteiro, manifestada na vigência do Código Civil de 1916: "Por fim, a escolha da prestação, nas obrigações alternativas, pode ser determinada por sorteio. Permite-o, sem dúvida, o art. 1.480 do Código Civil [*correspondente ao art. 817 do CC/2002*]. Ao direito não repugna a invocação da sorte para a solução de determinadas controvérsias".[9]

Para que ocorra a escolha não basta a separação da coisa pelo devedor. É necessário, quando não haja a entrega, pelo menos sua disponibilização ao credor. De acordo com a opinião de Washington de Barros Monteiro,

"Efetivamente, não basta, absolutamente, que o devedor separe o produto para entregá-lo ao credor. É mister realize ainda o ato positivo de colocá-lo à disposição deste (...). Enquanto a coisa não é efetivamente entregue, ou, pelo menos, posta à disposição do credor, impossível a desoneração do devedor.

"(...) o legislador pátrio exige a entrega, ou, ao menos, que a coisa devida seja posta à disposição do credor."[10]

Ainda sobre esse assunto, de acordo com o magistério de Pontes de Miranda, "Não basta que o devedor envie a coisa ao credor: é preciso que ele faça saber ao credor que adimple, com a coisa enviada, a obrigação genérica. Nas obrigações genéricas à distância, o credor tem de comunicar a concentração antes de remeter, ou entregar ao transportador".[11]

Caio Mário da Silva Pereira discorda. Para ele, "Basta, à escolha, uma declaração de vontade daquele a quem é reconhecida. Não falta,

9. Idem, ibidem.
10. Idem, p. 84.
11. Pontes de Miranda, *Tratado de Direito Privado*, Parte Especial, t. XXII, p. 108.

porém, quem distinga e sustente que, se a escolha é do devedor, não é suficiente a simples declaração de vontade, exigindo-se a oferta real, o que entretanto não é expresso na lei, e se desfaz à observação de que em toda dívida *quérable* não é o devedor compelido a levar a prestação ao credor".[12]

Discute-se, ainda, se há necessidade da concordância da parte contrária com a escolha para que essa se torne eficaz. Uns sustentam haver necessidade da aceitação, isto é, expressa concordância, enquanto, para outros, basta a mera comunicação.

"Em doutrina, é questão controvertida a de saber se a concentração depende ou não de anuência da outra parte para tornar-se eficaz. Segundo uns, como Ruggiero, a aceitação é indispensável, porque enquanto não venha a ser manifestada subsiste para o optante o *jus variandi*, isto é, o direito de mudar de idéia e assim alterar a prestação. Já para outros, como Polacco e Giorgi, efetuada a escolha, torna-se irrevogável a definitiva, uma vez comunicada à parte contrária, ou a ambas, se feita por terceiro.

"Parece-nos que esse último ponto de vista é o mais correto: o interessado, a quem caiba o direito de escolha, pode exercitar a *variatio* enquanto não cientificada do ato a parte contrária. Realmente, que mal existe em se permitir mudança de opção, se desta ainda não teve notícia o outro contratante e nenhum legítimo interesse vem a ser sacrificado?"[13]

A escolha, uma vez realizada e comunicada à parte contrária, torna-se irretratável. Esta regra sofre exceção. Quando a obrigação estipular prestações anuais, o devedor conserva o direito de exercer a cada ano a opção, conforme dispõe o art. 252, § 2º do CC: "§ 2º. Quando a obrigação for de prestações periódicas, a faculdade de opção poderá ser exercida em cada período".

Neste caso haveria tantas obrigações alternativas quantos os anos convencionados pelos contratantes. Esta faculdade é atribuída a ambas as partes.

---

12. Caio Mario da Silva Pereira, *Instituições*..., vol. II, cit., p. 79.
13. Washington de Barros Monteiro, *Curso*..., cit., vol. 4, *Direito das Obrigações*, 1ª Parte, p. 114.

2.2 Conseqüências da impossibilidade superveniente das prestações

A impossibilidade de prestar uma ou todas as prestações alternativas pode ser concomitante à formação do vínculo obrigacional, hipótese que denominamos *impossibilidade originária*, ou posterior à formação do vínculo obrigacional, hipótese que chamamos de *impossibilidade superveniente*.

A impossibilidade originária de uma das duas prestações torna a obrigação pura e simples. A impossibilidade originária das duas obrigações torna a obrigação impossível. As conseqüências da impossibilidade superveniente das prestações variam de acordo com os seguintes fatores: a quem cabe a escolha? Houve a perda ou deterioração de uma, algumas ou todas as prestações? A perda ou deterioração das prestações ocorreu com culpa ou sem culpa? E qual o momento em que houve a impossibilidade: antes ou depois da escolha?

Um primeiro quadro desenha-se do seguinte modo: a impossibilidade de todas as prestações, antes da escolha, que cabia ao devedor, sem culpa dele. Para este quadro aplicamos a regra do art. 256 do CC: "Se todas as prestações se tornarem impossíveis, sem culpa do devedor, extinguir-se-á a obrigação".

A extinção da obrigação, nesse caso, implica no retorno das partes ao estado anterior à constituição da obrigação, devendo o devedor, se for o caso, devolver ao credor a contraprestação recebida dele.

Um segundo quadro desenha-se desse modo: apenas uma das prestações se impossibilita, antes da escolha, que cabia ao devedor, sem culpa dele. Neste caso aplica-se a regra do art. 253 do CC: "Se uma das duas prestações não puder ser objeto de obrigação ou se tornada inexeqüível, subsistirá o débito quanto à outra".

A obrigação nesse caso subsistirá em relação à prestação remanescente.

No terceiro quadro temos: a impossibilidade de todas as prestações, antes da escolha, que cabia ao devedor, com culpa dele. Aí se aplica a regra do art. 254 do CC: "Se, por culpa do devedor, não se puder cumprir nenhuma das prestações, não competindo ao credor a escolha, ficará aquele obrigado a pagar o valor da que por último se impossibilitou, mais as perdas e danos que o caso determinar".

Como se trata de perdas sucessivas, a solução é lógica. A última ficou em lugar da primeira, a obrigação transformou-se em pura e simples, de coisa certa.

No quarto quadro temos a impossibilidade de uma das prestações, antes da escolha, que cabia ao devedor, com culpa dele. Aplica-se, no caso, o já citado art. 253 do CC.

No quinto quadro a prestação, depois da escolha, impossibilita-se sem culpa do devedor. Aplica-se, então, o art. 234 do CC, primeira parte: "Se, no caso do artigo antecedente, a coisa se perder, sem culpa do devedor, antes da tradição, ou pendente a condição suspensiva, fica resolvida a obrigação para ambas as partes; (...)".

No sexto quadro a prestação, depois da escolha, impossibilita-se por culpa do devedor. Aplica-se o art. 234 do CC, segunda parte: "se a perda resultar de culpa do devedor, responderá este pelo equivalente e mais as perdas e danos".

Pode ocorrer ainda um sétimo quadro: a primeira prestação perece com culpa do devedor e a segunda prestação sem culpa. Segundo a doutrina, "o devedor continua responsável pela indenização relativa à primeira".[14] Justifica-se tal posição porque o perecimento da primeira prestação por culpa do devedor resultou no aumento dos riscos para o credor na proporção da diminuição das suas garantias.

As hipóteses a seguir descritas demandam a atribuição ao credor do direito de escolha e o perecimento das prestações sem culpa dele.

Uma das alternativas perece sem culpa do devedor. Aplica-se, aqui também, o art. 253 do CC.

O credor perde a escolha e tem direitos sobre a prestação que resta; termina a alternativa.

Há o perecimento de uma das alternativas por culpa do devedor. Aplica-se a primeira parte do art. 255 do CC: "Quando a escolha couber

---

14. Pontes de Miranda, *Tratado*..., cit., t. XXII, p. 139.

ao credor e uma das prestações tornar-se impossível por culpa do devedor, o credor terá direito de exigir ou a prestação subsistente ou o valor da outra, com perdas e danos; (...)".

A justificativa para tal regra é que o devedor não pode privar o credor de seu direito de escolha; esse continua sobre o valor da coisa perecida, em que fica sub-rogado, e a coisa existente.

Na terceira hipótese, ambas as prestações perecem por culpa do devedor. Aplica-se a segunda parte do art. 255 do CC: "se, por culpa do devedor, ambas as prestações se tornarem inexeqüíveis, poderá o credor reclamar o valor de qualquer das duas, além da indenização por perdas e danos".

Esta regra decorre ainda do direito de opção da qual o credor foi privado. A opção exerce-se sobre o valor de qualquer das duas prestações.

Na quarta hipótese, ambas as prestações perecem sem culpa do devedor. Aplica-se, no caso, o art. 256 do CC: "Se todas as prestações se tornarem impossíveis sem culpa do devedor, extinguir-se-á a obrigação".

Na quinta, uma das alternativas perece, primeiro, sem culpa do devedor e a outra por culpa do devedor.

Na sexta hipótese, primeiro há o perecimento de uma das alternativas com culpa do devedor e depois o perecimento da outra alternativa sem culpa do devedor. Em ambas as hipóteses o credor terá o direito de exigir o valor da prestação que pereceu por culpa do devedor com perdas e danos.

O Código Civil desconsidera a perda ou a deterioração do objeto da prestação por culpa do credor. Isto, porque, qualquer que seja a natureza da prestação, como regra, o seu objeto se acha sob a guarda exclusiva do devedor.[15]

Mas a hipótese de perda ou deterioração por culpa do credor, embora remota, não é impossível. O perecimento ocorre agora por culpa do credor. Nesse caso, se a escolha cabia a devedor e uma das prestações se impossibilitou por ato culposo do credor, o devedor estará liberado de prestar a outra prestação alternativa, ou, ao prestá-la, pode pleitear indenização por perdas e danos.

15. M. I. Carvalho de Mendonça, *Doutrina*..., cit., p. 213.

Se ambas as prestações perecerem por culpa do credor e a escolha cabia ao devedor este poderá pedir o equivalente a qualquer delas com perdas e danos.

Se a escolha cabe ao credor e há o perecimento por culpa dele, o devedor está liberado do cumprimento da obrigação, salvo se o credor exigir a outra prestação. Neste caso, no entanto, o credor deve ressarcir as perdas e danos experimentados pelo devedor.

3. Obrigações facultativas

3.1 Conceito

Nas chamadas obrigações facultativas – não previstas expressamente no nosso ordenamento jurídico –, o devedor deve uma só prestação e só a uma é obrigado. Mas o devedor pode liberar-se mediante outra prestação, sem precisar do assentimento do credor.

Assim, a obrigação facultativa é a que tem por objeto uma só prestação, mas o devedor tem a faculdade de se desonerar mediante a realização de outra, sem necessidade de concordância do credor. Deste modo tem-se uma única prestação, mas uma pluralidade de soluções.

O credor não pode exigir a prestação alternativa, contudo terá de aceitá-la se o devedor optar por ela, sob pena de incorrer em mora.

Na obrigação facultativa a lei ou o contrato permite ao devedor exonerar-se do vínculo obrigacional mediante a entrega de outra prestação. Daí chamar-se faculdade de substituição.

Tal obrigação está prevista no art. 643 do Código Civil argentino: "A obrigação facultativa é aquela que não tendo por objeto senão uma só prestação confere ao devedor a faculdade de substituí-la por outra".

3.2 Diferenças com as obrigações alternativas

A prestação devida é uma só. Não há lugar para nenhuma escolha. A impossibilidade originária ou superveniente da prestação devida implica na extinção da obrigação, ainda que existente a prestação facultativa.

4. Obrigações divisíveis ou indivisíveis

A matéria é tratada nos arts. 257 a 263 do CC.

São *divisíveis* as obrigações cujas prestações podem ser cumpridas de forma parcelada. A prestação suporta o fracionamento, a sua divisão em partes. Diz-se divisível a prestação quando as partes em que se fracionem não perdem as características essenciais do todo, nem sofrem depreciação acentuada. O cerne da divisibilidade é a possibilidade de fracionamento sem a perda de suas características (CC, art. 257).

São *indivisíveis* as obrigações cujas prestações somente por inteiro podem ser cumpridas. É a prestação insuscetível de execução parcelada. Dois fatores determinam a indivisibilidade: o primeiro deles é a natureza econômica ou jurídica da prestação ou do objeto da prestação que não aconselha o seu fracionamento, pois haverá perda das características essenciais; o segundo é a vontade das partes em instituir a indivisibilidade, conforme determina o art. 258 do CC: "A obrigação é indivisível quando a prestação tem por objeto uma coisa ou um fato não suscetíveis de divisão, por sua natureza, por motivo de ordem econômica, ou dada a razão determinante do negócio jurídico".

4.1 Interesse da divisão

Só há interesse jurídico em distinguir entre divisibilidade ou indivisibilidade da obrigação se houver multiplicidade de credores ou de devedores. Se há apenas um credor e um só devedor, de regra, salvo estipulação em contrário, a obrigação é indivisível, porque nem o credor é obrigado a receber o pagamento por partes, nem o devedor é obrigado a fazê-lo (CC, art. 314):

"Ainda que a obrigação tenha por objeto prestação divisível, não pode o credor ser obrigado a receber, nem o devedor a pagar, por partes, se assim não se ajustou".

Havendo pluralidade de credores ou devedores, a distinção tem interesse porque, se a obrigação for divisível, cada credor tem direito a receber uma parte e cada devedor responde por uma parte. Assim dispõe o art. 257 do CC:

"Havendo mais de um devedor ou mais de um credor em obrigação divisível, esta presume-se dividida em tantas obrigações, iguais e distintas, quantos os credores ou devedores".

Se a obrigação for indivisível, cada credor pode exigir o cumprimento integral da prestação e cada devedor responde pela totalidade da prestação, de acordo com o art. 259 do CC: "Se, havendo dois ou mais devedores, a prestação não for divisível, cada um será obrigado pela dívida toda".

Os princípios que regem essas obrigações são claros: havendo um único credor e um único devedor a prestação deverá ser cumprida de uma só vez, salvo estipulação em contrário. Prevalece o princípio da indivisibilidade e o da unidade da prestação. O credor pode recusar-se a receber por partes, sem que isso configure mora. Havendo pluralidade de partes, a prestação reparte-se pelo número de credores ou de devedores.

4.2 Regime da divisibilidade

Se a obrigação for divisível, cada um dos credores só terá o direito de exigir sua parte na prestação e cada um dos devedores só terá o dever de cumprir com sua quota da prestação. Mas o devedor que cumprir a prestação inteiramente a um dos credores não ficará desobrigado em relação aos demais credores.

O credor que se recusar a receber apenas a parte que lhe cabe na prestação poderá ser constituído em mora pelo devedor já que a recusa será considerada injusta. O credor ou o devedor que incorrer em falta responderá individualmente por ela.

A insolvência de alguns dos devedores não aumentará a cota de participação dos outros.

A interrupção da prescrição por um dos credores não aproveita aos outros, assim como a interrupção da prescrição operada contra um dos devedores não prejudica aos demais (CC, art. 204).

4.3 Regime da indivisibilidade

4.3.1 *Pluralidade de devedores ou concurso passivo*

O devedor de obrigação indivisível demandado pelo credor deve cumprir a obrigação integralmente, ficando de pleno direito sub-rogado no direito do credor para receber dos outros co-devedores as partes que devem na obrigação, conforme o art. 259, parágrafo único, do CC: "O devedor, que paga a dívida, sub-roga-se no direito do credor em relação aos outros coobrigados".

É de elementar justiça para o restabelecimento da *par conditio debitorum*, isto é, da igualdade entre os devedores, a sub-rogação do solvente nos direitos do credor, pois ele, embora possa ser compelido a cumprir o todo, não deve totalmente. Aquele que cumpre a prestação tem o direito de propor ação de regresso contra os demais co-devedores; direito que surge do pagamento, sem dependência de quaisquer outros fatos e formalidades.

O devedor de obrigação indivisível, quando demandado, não tem o direito de pedir um prazo para se entender com os demais devedores da obrigação e nem a lei permite que ele exija do credor que reclame a prestação de todos os devedores (CC, art. 259).

A suspensão da prescrição de obrigação indivisível aproveita a todos os credores, como se vê do art. 201 do CC: "Suspensa a prescrição em favor de um dos credores solidários, só aproveitam aos outros se a obrigação for indivisível".

A interrupção da prescrição se estende de devedor a devedor por força do que dispõe o art. 204, § 2º do Código Civil. Critica-se essa orientação porque a indivisibilidade não cria ligações entre os sujeitos interessados na obrigação.

A renúncia à prescrição consumada levada a efeito por um dos devedores não prejudica aos demais devedores, não se comunicando. O devedor, ao renunciar à prescrição e cumprir a prestação, encontraria os demais consortes exonerados do vínculo na obrigação indivisível, de modo que deles não mais poderia exigir a contribuição da cota-parte.

Outra questão controvertida refere-se aos efeitos da coisa julgada. Alcançará a coisa julgada, em seus efeitos, favoráveis ou desfavoráveis, os devedores estranhos ao litígio?

Orosimbo Nonato aduz que a ausência de texto e de lei reguladora da questão amplia e dilata a desconformidade no plano doutrinário havendo três opiniões.

A primeira acolhe solução afirmativa e reconhece à sentença dada a um dos devedores a irradiação de efeitos quanto aos demais, ainda que não participantes do litígio.

A segunda defende solução exatamente contrária. A sentença não irradia efeitos aos devedores estranhos ao pleito.

A terceira distingue a partir do teor da decisão. A decisão favorável beneficia os consortes do devedor vitorioso enquanto a decisão desfavorável não os prejudica. Orosimbo Nonato acolheu esta última opinião. Declarou, valendo-se da lição de Tito Fulgêncio, "a sentença que declara nula ou extinta a obrigação indivisível, por uma causa comum a todos os coobrigados, se bem proferida em processo movido contra um só devedor, aproveitará aos outros co-devedores, alheios à causa, porque estes são e se entendeu *in utilibus* representados no juízo por seu associado".

Parece-nos que pela redação do art. 472 do Código de Processo Civil a solução a ser adotada é a que coisa julgada não estende seus efeitos favoráveis ou desfavoráveis a devedores estranhos ao pleito.[16]

As obrigações não cumpridas resolvem-se em perdas e danos. Com a transformação em perdas e danos a obrigação perde a qualidade de indivisível e haverá a responsabilidade pessoal baseada na culpa: dessa forma, somente o devedor culpado responde pelas perdas e danos; os demais ficam exonerados (CC, art. 263: "Perde a qualidade de indivisível a obrigação que se resolver em perdas e danos").

O motivo deste posicionamento é que, cessando a causa, a unidade infracionável da prestação, cessa o efeito, a indivisibilidade.

A prestação que se torna impossível também se converte em perdas e danos. Se todos os devedores concorrerem com culpa, eles responderão por partes iguais, muito embora apareça a solidariedade por ódio ao ilícito praticado pelos devedores.

4.3.2 *Pluralidade de credores ou concurso ativo*

Se houver pluralidade de credores, qualquer deles está autorizado a exigir o cumprimento integral da obrigação do devedor, que, por sua

---

16. "Art. 472. A sentença faz coisa julgada às partes entre as quais é dada, não beneficiando, nem prejudicando terceiros. Nas causas relativas ao estado de pessoa, se houverem sido citados no processo, em litisconsórcio necessário, todos os interessados, a sentença produz coisa julgada em relação a terceiros."

vez, poderá recusar-se a cumpri-la se o credor não der a ele garantia de que os outros credores aprovaram o pagamento. Assim, o devedor desobriga-se da obrigação se pagar a todos os credores conjuntamente ou se pagar a um credor autorizado pelos outros:

"Art. 260. Se a pluralidade for dos credores, poderá cada um destes exigir a dívida inteira, mas o devedor ou devedores se desobrigarão, pagando:

"I – a todos conjuntamente;

"II – a um, dando este caução de ratificação dos outros credores."

A indivisibilidade autoriza o pedido de pagamento por um só dos credores da prestação, mas não legitima o recebimento do todo apenas por ele, com exclusão dos demais. A indivisibilidade não resulta em solidariedade a justificar o recebimento de tudo por um só dos sujeitos ativos da obrigação.

A chamada caução de ratificação, isto é, a outorga de garantia real ou fidejussória oferecida pelo credor de que os demais credores concordam com o pagamento feito a ele tem um duplo efeito. Evita que a oposição de um dos credores impeça o devedor de se desobrigar do cumprimento da obrigação e impede que a oposição de um dos credores constitua obstáculo a qualquer outro de receber a prestação na parte que lhe toca, podendo receber o todo, mas ficando responsável perante os outros credores pelo pagamento que lhes couber, conforme o art. 261 do CC: "Se um só dos credores receber a prestação por inteiro, a cada um dos outros assistirá o direito de exigir dele em dinheiro a parte que lhe caiba no total".

A quitação dada pelo credor que presta caução, ainda que os demais credores não estejam de acordo, é válida e eficaz.

O perdão da obrigação, a transação, a novação, a compensação ou a confusão, acertados entre um dos credores e o devedor, é eficaz apenas na cota-parte que cabe àquele credor. A obrigação subsiste com relação aos demais credores, mas eles poderão exigir a obrigação, descontada a cota do credor remitente. Assim o art. 262 do CC: "Se um dos credores remitir a dívida, a obrigação não ficará extinta para com os outros; mas estes só a poderão exigir, descontada a quota do credor remitente".

O desconto da cota só é possível em obrigações de dar quantidade (dinheiro ou bens). Em outros casos o desconto da cota não é possível de ser realizado devendo os credores indenizar o devedor da parte correspondente ao credor que perdoou a obrigação. Em outras palavras, se for impraticável a dedução *in natura* da parte que cabia ao credor remitente, ela deve ser efetuada em dinheiro, pelo valor equivalente.

4.3.3 *Relações internas entre credores*

O credor que recebe a prestação indivisível por inteiro deve pagar aos outros, em dinheiro, o que caiba a eles, na falta de estipulação diversa: "Art. 261. Se um só dos credores receber a prestação por inteiro, a cada um dos outros assistirá o direito de exigir dele em dinheiro a parte que lhe caiba no total".

5. Obrigações solidárias

5.1 Considerações gerais

O princípio que regula as obrigações com pluralidade de partes, disciplinadas nos arts. 264 a 285 do CC, é o da divisão. Por este princípio, havendo pluralidade de credores ou de devedores, a prestação se divide entre eles de modo a cada credor ter direito a uma parte e cada devedor estar obrigado tão-somente a uma parte.[17] Quando isto não ocorre é por que houve derrogação desse princípio; e tanto a indivisibilidade como a solidariedade apresentam-se como exceção dele.[18]

Falamos em exceção considerando a técnica, porque, na prática, as obrigações com pluralidade de sujeitos acabam instituindo a solidariedade. A solidariedade afasta o princípio da divisibilidade e institui nas obrigações com a pluralidade de credores ou de devedores o direito de cada um a perceber ou de cumprir a totalidade da prestação.

17. Orosimbo Nonato, *Curso de Obrigações*, vol. II, p. 85: "O princípio comum é o da divisibilidade do crédito ou do débito, com a prevalência da regra: *concursu partes fiunt*.
"Cada sujeito ativo da obrigação nada pode exigir além de sua parte; cada devedor somente responde pela parte respectiva.
"A divisão é regra comum: *obligatio inter plures ipso iure divisa est*."
18. Idem, p. 88: "Constitui o instituto da solidariedade exceção ao direito comum no sentido de se achar ao arrepio de uma norma geral, de um princípio que, na ausência de lei ou de declaração de vontade em contrário, prevalece".

5.2 Conceito

A palavra solidariedade decorre do latim *solidum*, que exprime a idéia de totalidade, coisa íntegra, impartilhada. Diz-se obrigação *in solidum* para significar a obrigação pela prestação inteira, total, impartilhada. O Código Civil brasileiro, ignorando o preceito que desaconselha a lei tratar de definições ou conceitos, conceituou obrigação solidária por seus efeitos ao dispor no art. 264: "Há solidariedade, quando na mesma obrigação concorre mais de um credor, ou mais de um devedor, cada um com direito, ou obrigado à dívida toda".

Este conceito foi inspirado nas lições de Savigny que definia as obrigações solidárias como "aquelas que se referem, completamente e sem partilha, a cada um dos credores ou dos devedores, individualmente".[19]

5.3 Natureza jurídica

A natureza jurídica das obrigações solidárias é fonte particular de discussões. A dúvida a ser esclarecida é se a obrigação solidária é (a) uma obrigação única com pluralidade de sujeitos ou (b) uma obrigação plúrima com unidade de execução. As dificuldades nessa matéria aumentaram com a distinção proposta por parte da doutrina alemã, Keller e Ribbentropp, a partir do estudo de alguns textos romanos entre solidariedade perfeita ou co-realidade e solidariedade imperfeita ou co-realidade imprópria.

Na solidariedade perfeita ou co-realidade haveria uma única obrigação com vários sujeitos. Isto explicaria o porquê de a contestação feita por um dos devedores, se aceita em juízo, aproveita a todos os demais devedores.

Na solidariedade imperfeita ou co-realidade imprópria haveria uma pluralidade de obrigações, de modo que a contestação realizada por um dos devedores não extinguiria as outras obrigações. Esta teoria decorre de um erro interpretativo das fontes romanas, já que a doutrina romana não teria estabelecido esta distinção. Os autores desta teoria acabaram por trabalhar com textos interpolados, de períodos históricos

---

19. Clovis Bevilaqua, *Direito das Obrigações*, p. 82.

diferentes. O Código Civil desconsiderou esta distinção entre co-realidade e co-realidade imprópria, mas persiste a dúvida quanto à exata natureza das obrigações solidárias.

A corrente unitária representada no Brasil por Clóvis Beviláqua, João Luís Alves, Tito Fulgêncio e Serpa Lopes defende a idéia de que na obrigação solidária existe um só vínculo obrigacional a ligar o devedor a todos os credores ou todos os devedores ao credor. O devedor que paga libera todos os co-devedores, porque o seu pagamento extingue o único vínculo existente. Na obrigação solidária haveria uma só relação obrigacional, com pluralidade de sujeitos. A corrente pluralista representada no Brasil por Washington de Barros Monteiro, Maria Helena Diniz, Orosimbo Nonato, sustenta haver na obrigação solidária uma pluralidade de vínculos obrigacionais tanto quanto forem os credores ou os devedores. A prestação é única. Diz Maria Helena Diniz: "na solidariedade não se tem uma única obrigação, mas tantas obrigações quantos forem os titulares. Na obrigação solidária haverá tantas relações obrigacionais quantos forem os credores ou devedores, unidos pelo fim comum, pela unicidade ou identidade do objeto ou da prestação".[20]

Uma outra discussão repousa na natureza jurídica do instituto jurídico atributivo de efeito liberatório dos demais co-devedores do pagamento feito por um deles ou da quitação dada por um dos credores frente a outros credores. Fala-se em teoria da representação, garantia, sociedade especial, mandato *ad hoc* proveniente de uma real, presumida ou ficta comunhão de interesses entre os co-participantes da solidariedade a justificar tal permissão.[21]

5.4 Pontos fundamentais

A obrigação solidária exige uma pluralidade de sujeitos: devem existir mais de um credor ou mais de um devedor. Ela demanda uma unidade de objeto, pois há uma prestação que pode ser exigida por inteiro pelos credores de cada um dos devedores.

A obrigação solidária é exceção e não regra. Ela não se presume, já que deve estar prevista em lei ou ser estipulada pelas partes. Suas fontes

---

20. Maria Helena Diniz, *Curso de Direito Civil Brasileiro*, vol. 2, pp. 152-153.
21. Orozimbo Nonato, *Curso...*, cit., vol. II, p. 104.

são a lei e a convenção. A lei, por exemplo, estabelece a solidariedade no caso de dois ou mais comodatários simultâneos de uma coisa (CC, art. 585); no caso de pluralidade de mandantes em relação ao mandatário (CC, art. 680); na hipótese de fiança conjuntamente prestada a um só débito, se os fiadores não reservaram para si o benefício da divisão (CC, art. 829); nas obrigações oriundas de atos ilícitos (CC, art. 942).

Não há casos de solidariedade ativa legal no Direito brasileiro, exceto o único exemplo citado por Maria Helena Diniz (o artigo 12 da Lei 209/1948).[22] A conta conjunta seria um exemplo de solidariedade ativa convencional.

Na hipótese de solidariedade convencional deve haver certeza da intenção de estabelecer a solidariedade não havendo, no entanto, necessidade do uso de palavras sacramentais ou solenes, bastando o recurso a expressões como "por inteiro", "pelo todo", "*pro indiviso*", "um por todos, todos por um".[23]

5.5 Princípios que regem a solidariedade

Regem a solidariedade os princípios da: a) variabilidade do modo de ser da obrigação, que admite que para uma das partes a obrigação seja pura e simples e para outra condicional (CC, art. 266); e b) não-presunção da solidariedade (CC, art. 265).

5.5.1 Espécies

A solidariedade pode ser ativa, se houver pluralidade de credores; pode ser passiva, se houver pluralidade de devedores; e mista se houver pluralidade de credores e devedores.

5.5.1.1 Solidariedade ativa (multiplicidade de credores) – A solidariedade ativa foi prevista no art. 267 do CC ("Cada um dos credores solidários tem direito a exigir do devedor o cumprimento da prestação

---

22. "O débito ajustado constituir-se-á à base de garantias reais ou fidejussórias existentes e se pagará, anualmente, pena de vencimento, em prestações iguais, aos credores em solidariedade ativa, rateadas em proporção ao crédito de cada um."
23. Maria Helena Diniz, *Curso*..., cit., vol. 2, p. 159.

por inteiro") e consiste na modalidade de obrigação que permite a cada um dos credores exigir o cumprimento da prestação por inteiro, mesmo que a prestação seja divisível, e o devedor se exonere do vínculo obrigacional cumprindo a obrigação com qualquer um dos co-credores.

A solidariedade ativa facilita a liquidação da obrigação. Apresenta, contudo, o inconveniente do risco da insolvência do credor solidário que recebeu por inteiro a prestação devida.

A solidariedade ativa foi concebida em benefício dos credores conjuntos. Dela resultam as seguintes hipóteses:

a) se um dos credores solidários constituiu em mora o devedor, os efeitos desta constituição em mora irão beneficiar aos demais credores solidários;

b) as garantias concluídas por um dos credores com o devedor comum, em benefício da obrigação solidária, aproveitam a todos os credores;

c) a interrupção da prescrição feita por um dos credores solidários aproveita aos demais (CC, art. 204, § 1º).

A suspensão aproveita aos demais credores solidários apenas se a obrigação for também indivisível (CC, art. 201). A renúncia da prescrição em face de um dos credores aproveitará aos demais. O pagamento feito a um dos credores solidários extingue inteiramente a dívida ou até o montante que foi pago (CC, art. 269).

A pluralidade de credores permite ao devedor comum que escolha qualquer dos credores para cumprir a obrigação. A liberdade de escolha do credor pelo devedor termina quando algum dos credores solidários o demandar judicialmente pretendendo obter o cumprimento da obrigação. Nesse caso, a demanda judicial produz o efeito de concentrar naquele credor o cumprimento da obrigação vinculando o devedor. É o denominado princípio da prevenção previsto no art. 268 do CC: "Enquanto alguns dos credores solidários não demandarem o devedor comum, a qualquer daqueles poderá este pagar".

A demanda extrajudicial não acarreta a prevenção do credor de modo que o devedor poderá escolher perante qual credor cumprirá a obrigação.

O pagamento direto ou indireto (novação, compensação, remissão e transação) realizado a um dos credores solidários extingue inteiramente a dívida. Essa é uma conseqüência natural da solidariedade, pois se qualquer dos credores tem o direito de exigir a prestação, o pagamento feito a um deles solve a obrigação (CC, arts. 269 e 844, § 2º).

Com relação à confusão, a regra é a extinção da obrigação até a concorrência da respectiva parte na dívida, subsistindo, quanto ao restante, a solidariedade (CC, art. 383).

A constituição em mora do credor solidário pela oferta de pagamento por parte do devedor comum prejudicará todos os demais, que passarão a responder, de forma indistinta, pelos juros, riscos e deterioração do bem (CC, art. 400).

Relações internas – O credor responde perante os outros credores pelo pagamento recebido, remissão, novação, compensação e transação devendo entregar a parte que lhes caiba (CC, art. 272).

A decisão judicial proferida em favor de um credor aproveita aos demais, exceto se acolher defesa personalíssima, enquanto a decisão desfavorável não prejudica aos demais credores.

Assim, se um credor perder a ação contra o devedor, os outros credores não estão inibidos de acioná-lo (CC, art. 274: "O julgamento contrário a um dos credores solidários não atinge os demais; o julgamento favorável aproveita-lhes, a menos que se funde em exceção pessoal ao credor que o obteve").

Se um credor solidário morrer e suceder-lhe mais de um herdeiro, nem por isso desaparecerá a solidariedade. Os credores sobreviventes conservam intactos os seus direitos. Os herdeiros do credor morto não podem exigir o cumprimento integral da prestação; apenas a cota do crédito a que corresponder o seu quinhão hereditário, salvo se a obrigação for indivisível (CC, art. 270: "Se um dos credores solidários falecer deixando herdeiros, cada um destes só terá direito a exigir e receber a quota do crédito que corresponder ao seu quinhão hereditário, salvo se a obrigação for indivisível").

A solidariedade é mantida mesmo quando o cumprimento da obrigação converte-se em perdas e danos (CC, art. 271: "Convertendo-se a prestação em perdas e danos, subsiste, para todos os efeitos, a solidariedade").

5.5.1.2 Solidariedade passiva – Na solidariedade passiva temos uma pluralidade de devedores: há conjunção solidária de devedores. Cada um deles responde pela totalidade da prestação, mesmo que ela seja divisível.

Nesse caso o credor poderá exigir o cumprimento da obrigação a qualquer dos co-devedores sem que ele possa invocar em seu favor o benefício da divisão. Maria Helena Diniz a define como "a relação obrigacional oriunda de lei ou vontade das partes, com multiplicidade de devedores, sendo que cada um responde *in totum et totaliter* pelo cumprimento da prestação, como se fosse o único devedor".

Permite o Código Civil que o credor acione o devedor para receber parte da prestação, sem que os demais devedores fiquem exonerados da parte que resta (CC, art. 275, *caput*: "O credor tem direito a exigir e receber de um ou de alguns dos devedores, parcial ou totalmente, a dívida comum; se o pagamento tiver sido parcial, todos os devedores continuam obrigados solidariamente pelo resto").

O credor pode exigir de qualquer devedor o cumprimento da prestação, e caso ela não seja cumprida pode voltar-se contra os outros.

A ação proposta contra todos os devedores conjuntamente não representa renúncia de solidariedade pela divisão da dívida (CC, art. 275, parágrafo único: "Não importará renúncia da solidariedade a propositura de ação pelo credor contra um ou alguns dos devedores").

É direito do credor dividir a prestação e receber uma parte dela de um dos co-devedores; também é direito do credor perdoar a parte que corresponda ao co-devedor. O perdão é pessoal e não se estende aos demais devedores, que terão, no entanto, o direito de ter deduzido a parte que foi perdoada, respondendo somente pelo resto (CC, art. 277: "O pagamento parcial feito por um dos devedores e a remissão por ele obtida não aproveitam aos outros devedores, senão até à concorrência da quantia paga ou relevada").

Próxima à remissão, temos a exoneração da solidariedade. O credor pode renunciar à solidariedade em favor de um, alguns ou todos os devedores. Não há renúncia da prestação, mas renúncia da solidariedade. Ao renunciar a solidariedade em favor de alguns, o credor divide a obrigação em duas partes: uma pela qual responde o devedor favorecido e a outra pela qual respondem solidariamente os outros. O credor deverá deduzir da prestação exigida dos devedores solidários a parte que cabia ao devedor exonerado da solidariedade (CC, art. 282: "O credor pode renunciar à solidariedade em favor de um, de alguns ou de todos os devedores. Parágrafo único: Se o credor exonerar da solidariedade um ou mais devedores, subsistirá a dos demais").

Relações internas – O Código Civil disciplina as relações internas entre os devedores. Aquele devedor que cumpre por inteiro a prestação tem o direito de exigir dos demais devedores o pagamento da respectiva cota. Este direito surge apenas se houver o cumprimento integral da prestação. O cumprimento parcial não autoriza o devedor a exigir dos demais as respectivas cotas, pois o vínculo obrigacional ainda não foi extinto (CC, art. 283).

Não havendo estipulação em sentido diverso, as cotas presumem-se iguais.

A cota do devedor insolvente é rateada pelos demais devedores, inclusive por aquele que foi exonerado da solidariedade pelo credor. Assim os artigos:

"Art. 283. O devedor que satisfez a dívida por inteiro tem direito a exigir de cada um dos co-devedores a sua quota, dividindo-se igualmente por todos a do insolvente, se o houver, presumindo-se iguais, no débito, as partes de todos os co-devedores."

"Art. 284. No caso de rateio entre os co-devedores, contribuirão também os exonerados da solidariedade pelo credor, pela parte que na obrigação incumbia ao insolvente."

Se houver remissão, o credor remitente suportará o desfalque proveniente da insolvência que caberia pelo rateio ao devedor perdoado. O devedor perdoado também terá a sua cota acrescida, mas sendo dispensado de pagar, o acréscimo da dívida em relação a ele fica compreendido na remissão.

A dívida solidária que interessar com exclusividade a um dos devedores será de inteira responsabilidade dele para com aquele que a pagar. Não há, portanto, rateio da prestação entre os devedores solidários, como no caso do fiador obrigado solidariamente com o locatário pelos encargos do contrato de locação. É o que dispõe o art. 285: "Se a dívida solidária interessar exclusivamente a um dos devedores, responderá este por toda ela para com aquele que pagar."

5.5.1.3 Impossibilidade da prestação

A impossibilidade de cumprir a prestação por caso fortuito exonera o devedor; resolve-se a obrigação.

A culpa de um dos devedores solidários não exonera os demais devedores da solidariedade da obrigação de responder pelo equivalente já que todos são devedores e a substituição da prestação pelo valor equivalente não lhes aumenta o encargo. Agora, pelas perdas e danos responde apenas o devedor culpado já que as perdas e danos representam um acréscimo à obrigação pactuada (CC, art. 279: "Impossibilitando-se a prestação por culpa de um dos devedores solidários, subsiste para todos o encargo de pagar o equivalente; mas pelas perdas e danos só responde o culpado").

Todos os devedores solidários respondem pelos juros de mora, mesmo que a ação tenha sido proposta apenas contra um deles. Os devedores inocentes poderão obter ressarcimento junto ao devedor culpado. Não se aplica esta regra quando um dos devedores solidários esteja obrigado a termo ou condição (CC, art. 278: "Qualquer cláusula, condição ou obrigação adicional, estipulada entre um dos devedores solidários e o credor, não poderá agravar a posição dos outros sem consentimento destes").

5.5.1.4 Defesa do devedor

Exceções são as defesas utilizadas pelo devedor. Existem defesas comuns a todos os devedores, como as que se fundam em vícios próprios da obrigação, como a falta de objeto; objeto ilícito; obrigação constituída com vício de consentimento; nulidade absoluta; obrigação em que tenha ocorrido pagamento, remissão, confusão e prescrição.

Existem, por outro lado, defesas próprias de um dos devedores, também denominadas pessoais, como as nulidades relativas e prazo estipulado em favor de um ou de alguns. Apenas o devedor em favor de quem existe a exceção pessoal pode invocá-la, embora, às vezes, ela aproveita a todos, como a nulidade relativa (CC, art. 177: "A anulabilidade não tem efeito antes de julgada por sentença, nem se pronuncia de ofício; só os interessados a podem alegar, e aproveita exclusivamente aos que a alegarem, salvo o caso de solidariedade ou indivisibilidade"; e art. 281: "O devedor demandado pode opor ao credor as exceções que lhe forem pessoais e as comuns a todos; não lhe aproveitando as exceções pessoais a outro co-devedor").

É dever de todos os devedores solidários opor as exceções comuns, sob pena de ter que responder por perdas e danos.

Capítulo 8
TRANSMISSÃO DAS OBRIGAÇÕES

1. Cessão de crédito: 1.1 Conceito – 1.2 Espécies – 1.3 Partes – 1.4 Pressupostos – 1.5 Forma – 1.6 Proteção do devedor – 1.7 Efeitos da cessão de crédito. 2. Assunção de dívida: 2.1 Conceito – 2.2 Espécies: 2.2.1 Expromissão – 2.2.2 Delegação: 2.2.2.1 Espécies – 2.2.2.2 Relações na delegação.

A transmissão das obrigações é matéria disciplinada no Título II do Livro I da Parte Especial do Código Civil (arts. 286 e ss.) e abrange a cessão de crédito e a assunção de dívida.

1. Cessão de crédito

1.1 Conceito

A *cessão de crédito* é um negócio jurídico pelo qual o credor (denominado cedente) de uma obrigação transfere a outra pessoa (denominada cessionário) o crédito que tem contra o devedor. O cessionário recebe do cedente o crédito com todos os acessórios e garantias. A cessão de crédito é, em última análise, a transferência que o credor faz a outrem de seus direitos; pela cessão de crédito o credor transfere a terceiro a sua posição na relação obrigacional.

Define-a o art. 286 do CC: "O credor pode ceder o seu crédito, se a isso não se opuser a natureza da obrigação, a lei, ou a convenção com o devedor; a cláusula proibitiva da cessão não poderá ser oposta ao cessionário de boa-fé, se não constar do instrumento da obrigação".

1.2 Espécies

A cessão de crédito pode ser *gratuita* ou *onerosa*, isto é, o credor (cedente) pode receber ou não pela transferência do seu crédito ao cessionário.

A cessão de crédito será *convencional* se decorrer de declaração de vontade emitida livremente pelas partes; será *legal* se decorrer da lei; ou *judicial*, se for determinada por decisão proferida pelo Poder Judiciário.

1.3 Partes

As partes no negócio jurídico da cessão de crédito são o *cedente*, que originária e previamente ocupa a posição de credor numa relação jurídica obrigacional e que termina por transferir o seu crédito; e o *cessionário*, terceiro, que recebe o direito ao crédito. O devedor, o *cedido*, não participa, via de regra, da cessão de crédito.

1.4 Pressupostos

Os cedentes e os cessionários devem ser pessoas capazes e com legitimidade. Nem todas as pessoas capazes podem adquirir créditos, como o tutor em relação ao pupilo, o curador em relação ao curatelado, os pais em relação aos filhos menores.

O objeto da cessão também deve ser idôneo. A lei proíbe a cessão de certos créditos, como os salários (CLT, art. 462, § 4º), os alimentos e o crédito penhorado (CC, art. 298: "O crédito, uma vez penhorado, não pode mais ser transferido pelo credor que tiver conhecimento da penhora; mas o devedor que o pagar, não tendo notificação dela, ficará exonerado, subsistindo somente contra o credor os direitos de terceiro").

1.5 Forma

A cessão convencional não exige, como regra, a observância de forma especial. Entretanto, para que a cessão tenha valor perante terceiros, exceto o devedor, ela deve atender os requisitos do art. 288 do CC ("Art. 288. "É ineficaz, em relação a terceiros, a transmissão de um crédito, se não celebrar-se mediante instrumento público, ou instrumento particular revestido das solenidades do § 1º do art. 654"). Cuida-se de exigência com vista a ampliar a eficácia da cessão além das partes.

1.6 Proteção do devedor

A posição do devedor da obrigação não sofre alterações com a cessão do crédito pelo credor. Embora a sua posição não seja alterada, o devedor deverá efetuar o cumprimento da prestação perante o cessionário e não perante o credor primitivo. Para que isso não resulte em prejuízo para o devedor, certas regras foram ditadas para protegê-lo, como a que permite que ele oponha as exceções que tinha contra o cedente e a que subordina a eficácia da cessão a prévia notificação.

O devedor poderá opor ao cessionário as exceções que tinha contra o cedente no momento em que veio a ter conhecimento da cessão (CC, art. 294: " O devedor pode opor ao cessionário as exceções que lhe competirem, bem como as que, no momento em que veio a ter conhecimento da cessão, tinha contra o cedente").

A cessão só produz efeitos perante o devedor se lhe for notificada. Essa notificação não tem forma especial, conforme a redação do art. 290 do CC: "A cessão do crédito não tem eficácia em relação ao devedor, senão quando a este notificada; mas por notificado se tem o devedor que, em escrito público ou particular, se declarou ciente da cessão feita."

A falta de notificação da cessão ao devedor, contudo, não impede o cessionário de praticar os atos conservatórios do direito cedido, como interromper o curso da prescrição (CC, art. 293: "Independentemente do conhecimento da cessão pelo devedor, pode o cessionário exercer os atos conservatórios do direito cedido").

1.7 Efeitos da cessão de crédito

O cessionário substitui o credor na relação obrigacional. Ele passa a ter os mesmos direitos do credor, pois o crédito lhe foi transferido com as vantagens e os riscos. A cessão de crédito, como qualquer alienação, resulta na transferência do direito de exigir a prestação e seus acessórios, entre os quais as garantias e os juros (CC, art. 287: "Salvo disposição em contrário, na cessão de um crédito abrangem-se todos os seus acessórios").

A cessão não transmite ao cessionário os direitos e exceções inerentes à pessoa do credor, como a não contagem do prazo prescricional.

O devedor, notificado da cessão, deverá cumprir a prestação perante o cessionário e não perante o cedente ou credor primitivo, sob pena de o pagamento ser considerado inválido (CC, art. 292: "Fica desobrigado o devedor que, antes de ter conhecimento da cessão, paga ao credor primitivo, ou que, no caso de mais de uma cessão notificada, paga ao cessionário que lhe apresenta, com o título de cessão, o da obrigação cedida; quando o crédito constar de escritura pública, prevalecerá a prioridade da notificação").

Antes de notificado da cessão porém o devedor pode cumprir a obrigação perante o cessionário, sendo que o pagamento efetuado é considerado válido, já que a cessão, para ele, era considerada inexistente e o pagamento foi realizado de boa-fé (CC, art. 292).

O cedente, na cessão a título oneroso, responde pela existência e pela titularidade do crédito no momento da transferência (é a chamada cessão *pro soluto* na qual o cedente apenas garante a existência do crédito), mas não responde pela solvência do devedor (que é, por sua vez, a chamada cessão *pro solvendo*) a menos que tenha expressamente assumido esse risco (CC, arts. 295: "Na cessão por título oneroso, o cedente, ainda que não se responsabilize, fica responsável ao cessionário pela existência do crédito ao tempo em que lhe cedeu; a mesma responsabilidade lhe cabe nas cessões por título gratuito, se tiver procedido de má-fé"; e 296: "Salvo estipulação em contrário, o cedente não responde pela solvência do devedor").

O cedente que assumiu a responsabilidade pela solvência do devedor, no caso de não honrar a obrigação, fica obrigado com o cessionário a restituir-lhe não o valor da prestação cedida, mas o valor daquilo que recebeu pela cessão, acrescido dos juros, das despesas da cessão e das que o cessionário teve com a cobrança da prestação (CC, art. 297: "O cedente, responsável ao cessionário pela solvência do devedor, não responde por mais do que daquele recebeu, com os respectivos juros; mas tem de ressarcir-lhe as despesas da cessão e as que o cessionário houver feito com a cobrança").

2. Assunção de dívida

2.1 Conceito

A assunção de dívida é negócio jurídico pelo qual o devedor, com a concordância do credor, transfere a um terceiro os encargos obrigacionais, de modo que este último assume a posição do devedor na relação obrigacional.

Assim a define Orlando Gomes: "É o negócio jurídico por via do qual terceiro assume a responsabilidade da dívida contraída pelo devedor originário, sem que a obrigação deixe de ser ela própria. A relação obrigacional passa a ter novo devedor, liberando-se, ou não, o antigo. Um se exime e outro se obriga, ou um entra sem que o outro saia".[1]

É modo de assunção de dívida por outrem, sem que tenha que ocorrer, necessariamente, uma novação (instituto a ser estudado no Capítulo XII).

Diz o art. 299 do CC: "É facultado a terceiro assumir a obrigação do devedor, com o consentimento expresso do credor, ficando exonerado o devedor primitivo, salvo se aquele, ao tempo da assunção, era insolvente e o credor o ignorava".

Com efeito, o direito moderno admite tanto a substituição do credor como a sucessão do devedor, considerando válida a sucessão singular *inter vivos* na relação obrigacional tanto no lado ativo como no lado passivo.

O Direito Romano, por sua vez, admitia a substituição do devedor unicamente pela novação. Desse modo, havia a necessidade de nova dívida ser contraída para extinguir a obrigação anterior, sendo que o devedor era substituído por terceiro indicado por ele, hipótese de *delegatio*, ou por apresentação espontânea de terceiro disposto a substituir o devedor, hipótese de *expromissio*.[2]

Com a superação romana da obrigação como vínculo estritamente pessoal, eliminou-se o obstáculo à transmissão da dívida a terceiro, para este ocupar a posição do devedor cedente na relação obrigacional.

---

1. Orlando Gomes, *Obrigações*, p. 259.
2. Idem, ibidem.

2.2 Espécies

A assunção de dívida pode se dar pela *expromissão*, isto é, por contrato entre o terceiro e o credor; ou pela *delegação*, por contrato entre o terceiro e o devedor.

2.2.1 Expromissão

A expromissão é o negócio realizado entre o credor e o terceiro pelo qual o terceiro assume espontaneamente o débito de outra pessoa. O negócio jurídico é celebrado entre o credor e o expromitente, de modo que o devedor originário não participa da estipulação contratual. Ela distingue-se da delegação porque dispensa a intervenção do devedor originário. O expromitente não assume a dívida por ordem ou autorização do devedor.

A expromissão pode ser *liberatória*, quando ocorre perfeita sucessão no débito caracterizada pela substituição do devedor na relação obrigacional pelo expromitente, ou *cumulativa* (adpromissio) quando o expromitente entra na relação como novo devedor, ao lado do devedor originário, passando a ser devedor solidário, mas sem que possa invocar, em seu favor, o benefício de ordem,[3-4] isto é, o direito de exigir que o credor execute em primeiro lugar os bens do devedor originário.

O expromitente não pode opor ao credor as exceções relativas às suas relações com o devedor originário; mas lhe é permitido que invoque as exceções não pessoais que o devedor originário poderia opor, como as relativas à incapacidade e aos vícios do consentimento.

A expromissão repercute no devedor originário. O expromitente pode, na expromissão cumulativa, exercer direito regressivo contra o devedor originário, face à existência da solidariedade, ou, na expromissão liberatória, voltar-se contra o devedor originário, invocando as regras do enriquecimento sem causa.[5]

---

3. Idem, p. 260.
4. Art. 827 do CC: "O fiador demandado pelo pagamento da dívida tem direito a exigir, até a contestação da lide, que sejam primeiro executados os bens do devedor".
5. Idem, p. 270.

2.2.2 Delegação

Há delegação quando o devedor transfere a terceiro, com o consentimento do credor, o débito com este contraído. O devedor-cedente chama-se delegante; aquele a quem transfere o débito, delegado, e o credor, delegatário[6]

Delegação é o negócio realizado entre o devedor e o terceiro – com a concordância do credor –, pelo qual o devedor transfere a terceiro sua posição na relação jurídica obrigacional, podendo ser também liberatória ou cumulativa.

2.2.2.1 Espécies

– A delegação pode ser privativa. Privativa é a delegação com efeito liberatório. O delegante (cedente) exonera-se da obrigação, assumindo o delegado (cessionário) total responsabilidade pelo débito.

Pode ser *cumulativa* ou simples e, nesse caso, o novo devedor (delegado) ingressa na relação obrigacional para unir-se ao devedor originário, que permanece vinculado. Criar-se-ia para o delegante (cedente) uma espécie de benefício de ordem na medida em que o ele só poderia ser compelido a cumprir a obrigação se o delegado deixasse de fazê-lo.

Em razão do critério da função, a delegação pode ser de *cumprimento*, chamada também de pagamento ou delegação promessa. Essa *delegatio solvendi* (delegação de cumprimento ou de pagamento) consiste numa ordem dada pelo devedor originário a outra pessoa para que, em seu lugar, pague a dívida. A pessoa a quem se dirige a ordem não assume a obrigação do devedor, pois se limita a pagar: obriga-se simplesmente a solver a obrigação do devedor que cometeu esse encargo. É chamada de promessa de liberação e não configura verdadeira delegação.[7]

A delegação promessa é a figura autêntica de delegação, seja liberatória ou cumulativa. Há delegação de débito quando o terceiro contrai a obrigação, sucedendo ao devedor ou a ele se unindo, com a promessa, feita ao credor, de que a cumprirá.[8]

6. Idem, p. 264.
7. Idem, p. 265.
8. Idem, idem.

2.2.2.2 Relações na delegação – A aceitação do delegatário (credor) da delegação é imprescindível.

Tal aceitação produz os seguintes efeitos: o delegatário libera o delegante do cumprimento da prestação na delegação privativa ou liberatória; o delegatário, na delegação cumulativa, compromete-se a não exigir o cumprimento da prestação do delegante antes de reclamá-la ao delegado; o delegado pode opor ao delegatário as exceções oriundas da relação entre ele e o delegatário, mas não aquelas que existem entre ele e o delegante e entre o delegante e o delegatário.

O Código Civil, ao cuidar da assunção de dívida, disciplinou somente a delegação. Nela o consentimento do credor dever ser expresso (CC, art. 299, *caput*: "É facultado a terceiro assumir a obrigação do devedor, com o consentimento expresso do credor, ficando exonerado o devedor primitivo, salvo se aquele, ao tempo da assunção, era insolvente e o credor o ignorava") e o seu silêncio é interpretado como recusa da delegação (CC, art. 299, parágrafo único: "Qualquer das partes pode assinar prazo ao credor para que consinta na assunção da dívida, interpretando-se o seu silêncio como recusa").

Aceita a assunção de dívida liberatória, há a exoneração do devedor primitivo bem como das garantias especiais (*v.g.*, penhor, hipoteca) dadas por ele ao credor, exceto se o delegado (terceiro) fosse ao tempo da assunção insolvente e o credor ignorasse esta circunstância (CC, art. 299), ou a assunção vier a ser anulada (CC, art. 301: "Se a substituição do devedor vier a ser anulada, restaura-se o débito, com todas as suas garantias, salvo as garantias prestadas por terceiro, exceto se este conhecia o vício que inquinava a obrigação").

O novo devedor não poderá opor ao credor as defesas pessoais que poderiam ter sido opostas pelo devedor primitivo (CC, art. 302: "O novo devedor não pode opor ao credor as exceções pessoais que competiam ao devedor primitivo").

Capítulo 9
PAGAMENTO OU CUMPRIMENTO

1. Considerações gerais. 2. Princípios informativos do cumprimento. 3. Requisitos do cumprimento. 4. Regras do cumprimento: 4.1 Quem deve cumprir a prestação – 4.2 Quem pode cumprir a prestação – 4.3 A quem pode ser feita a prestação – 4.4 Lugar do pagamento – 4.5 Tempo do cumprimento – 4.6 Objeto e prova do pagamento.

1. Considerações gerais

O cumprimento da obrigação é, segundo a doutrina, a realização voluntária da prestação devida. Há, além desse termo, outras expressões para designar o mesmo fenômeno: solução, execução, adimplemento, pagamento (no Brasil palavra que tem significado mais restrito, ligado especialmente ao cumprimento das obrigações pecuniárias).

A relevância do cumprimento não está apenas em constituir, em regra, causa extintiva da obrigação, mas, principalmente, no fato de ser elemento decisivo do conceito da relação obrigacional, constituindo a sua própria finalidade,[1] ou seja, o fim da obrigação é o cumprimento da mesma pelo devedor.

O cumprimento pode ser encarado sob um tríplice aspecto:

a) a observância da obrigação de prestar pelo devedor;

b) a satisfação do interesse do credor;

c) a liberação do devedor.

---

1. Judith Martins-Costa, *Comentários ao Novo Código Civil*, vol. V, p. 80.

De tal modo, pode ocorrer (b) a satisfação do interesse do credor, mas não (a) a observância da obrigação de prestar e (c) a liberação do devedor, quando, por exemplo, um terceiro interessado cumpre a obrigação. Pode ocorrer (a) a observância da obrigação de prestar e (c) a liberação do devedor, mas não (b) a satisfação do interesse do credor, quando a obrigação é de meios, mas o resultado, embora não devido, não foi atingido. Pode ocorrer (a), (b) e (c) e, nesse sentido, há cumprimento no seu tríplice aspecto. Em resumo, pode correr ou o adimplemento voluntário com a satisfação do credor e a extinção da relação obrigacional ou o adimplemento não voluntário, mas coativo, com a satisfação do credor e extinção da relação obrigacional ou, ainda, a extinção da obrigação sem adimplemento e sem satisfação do credor, como no caso da remissão.[2]

2. Princípios informativos do cumprimento

O cumprimento sofre, como toda relação obrigacional, o influxo do *princípio da boa-fé*, pois a obrigação se apresenta como relação de cooperação fundada numa confiança qualificada, impondo comportamentos acessórios ou instrumentais necessários ao adequado cumprimento.[3]

O cumprimento sofre, também, influência do *princípio da correspondência* ou *da pontualidade*. A regra mais importante a observar no capítulo do cumprimento é a da pontualidade. O sentido aqui não é restrito ao de cumprido a tempo, mas o amplo, de coincidir ponto por ponto, em toda a linha, com a prestação. Do princípio da pontualidade podemos extrair conseqüências:

a) o devedor não se pode desonerar, sem consentimento do credor, mediante prestação diversa da que é devida, ainda que a prestação efetuada seja de valor equivalente ou superior (*princípio da exatidão*);

b) o devedor não goza do chamado *beneficium competentiae*, ou seja, da possibilidade de obter a redução da prestação estipulada com fundamento na precária situação econômica em que o cumprimento o deixaria. O Tribunal também não pode facilitar o cumprimento, autori-

2. Idem, p. 93.
3. Idem, p. 94.

zando o pagamento escalonado da dívida, um termo de graça, isto é, um prazo maior para o devedor cumprir com a obrigação. Exceção a esta regra seria, por exemplo, a dívida alimentar;

c) a prestação dever ser realizada integralmente e não por partes (*princípio da integralidade*), salvo quando o cumprimento parcial for (i) da natureza da obrigação; (ii) imposto pelas partes; (iii) imposto pelos usos (fornecimento de matéria prima).

3. Requisitos do cumprimento

São requisitos do cumprimento:

1º) a coincidência entre a prestação devida e a prestação efetuada. Em outras palavras, a satisfação exata da obrigação (CC, art. 313);

2º) a capacidade (de exercício) do devedor. Este requisito é exigido nos casos em que a prestação constitui um ato de disposição, isto é, aquele ato que, incidindo diretamente sobre um direito existente, se destina a transmiti-lo, revogá-lo ou alterar de qualquer modo o seu conteúdo. A incapacidade do devedor não afetaria, portanto, a validade da prestação que consiste em um puro ato material (pintar um quadro, lavar um carro), em uma omissão ou em um ato jurídico de entrega (como a restituição de um bem);

3º) a capacidade do credor;

4º) a legitimidade do devedor para dispor do objeto da prestação. Esta falta de disposição do devedor pode derivar das seguintes circunstâncias:

(a) pertencer a outrem a coisa prestada;

(b) não ter capacidade para alienar a coisa;

(c) carecer de legitimidade para o fazer (CC, art. 307).

4. Regras do cumprimento

As regras do pagamento visam a solucionar situações relacionadas com as seguintes dúvidas: Quem deve e quem pode cumprir a prestação? Quem deve receber a prestação? Onde a prestação deve ser cumprida? Quando a prestação deve ser cumprida?

4.1 Quem deve cumprir a prestação

O devedor, originário ou sucessor, o seu representante, núncio ou qualquer preposto é quem deve cumprir a prestação.

Mais que uma obrigação, o cumprimento apresenta-se, também, como um *direito do devedor*, motivo pelo qual o Código Civil concede-lhe o direito de:

a) efetuar o cumprimento independentemente da vontade do credor;

b) opor-se, com justo motivo, que terceiro cumpra a obrigação.

4.2 Quem pode cumprir a prestação

A lei permite a terceiro que cumpra a prestação por diversas razões: no interesse do credor, que tem vantagem em ver satisfeita a obrigação; no interesse do devedor, já que o cumprimento da prestação por terceiro não agravará a sua situação; e no interesse próprio do terceiro, que, por exemplo, garantiu o cumprimento daquela prestação ou terá alguma vantagem com ela. Esse terceiro é classificado em função do seu interesse.

Existe, portanto, o *terceiro interessado* e o *terceiro não interessado* no cumprimento da obrigação. O Código Civil atribui tratamento distinto a essas duas espécies de terceiro.

O cumprimento por *terceiro interessado* acarreta a perda do direito do credor, mas, nem sempre, a extinção da obrigação, pois haverá sub-rogação, isto é, transmissão da titularidade dos direitos do credor para ele (CC, art. 346, III), a chamada *cessão legal*. São exemplos de terceiro interessado:

a) o fiador, que quer evitar uma execução onerosa;

b) o sucessor;

c) o sócio;

d) o credor do devedor;

e) o que garante a dívida de terceiros por hipoteca ou por outro direito de garantia.

O *terceiro não interessado* pode agir como gestor de negócios, isto é, ele cumpre a prestação em nome e por conta do devedor. Havendo concordância do devedor, pode usar dos meios conducentes à exoneração do mesmo, como a consignação em pagamento (CC, art. 304, parágrafo único). O terceiro não interessado pode cumprir a prestação em seu próprio nome, isto é, não em nome do devedor. Nesse caso, não tem direito à sub-rogação quanto aos direitos do credor, mas pode reaver do devedor o valor gasto no cumprimento da obrigação (CC, art. 305), salvo se tiver agido por liberalidade, caso em que se presume ter doado ao devedor o valor da prestação.[4]

O devedor pode opor-se ao cumprimento da prestação pelo terceiro, havendo justo motivo, como a nulidade da obrigação, a ocorrência da prescrição, a compensação. A oposição não impede o terceiro de cumpri-la: a regra, nesse caso, é a inoperância da oposição do devedor, mas a esta se reconhece o efeito de exonerá-lo da obrigação de reembolsar o terceiro, caso o devedor tenha razão (CC, art. 306).

Efeito idêntico ocorrerá no caso em que o devedor não comunicado do prévio pagamento tivesse, igualmente, razões para não cumprir a obrigação.

O credor pode, também, se opor ao cumprimento da prestação por terceiro se a prestação for infungível (qualidades pessoais ou relação de confiança, mesmo para serviços não especialmente qualificados, como empregada doméstica), se tiver razões para duvidar da capacidade ou do poder de disposição do terceiro sobre a coisa prestada.

4.3 A quem pode ser feita a prestação

A prestação deve ser cumprida junto ao credor atual ou ao seu representante. Credor é aquele que assim se apresenta no momento do pagamento, pois o credor original pode ter sido sucedido.

A prestação cumprida junto a terceiro que não seja revestido da qualidade de credor não extingue a obrigação. É pura aplicação do dita-

---

4. De acordo com Judith Martins-Costa, "se o pagamento por terceiro não-interessado for feito com a intenção liberal e se o devedor aceitou nesses termos, incidirão, na medida em que a analogia das situações o justifique, as regras relativas à doação, extinguindo-se a obrigação sem que surja relação de reembolso entre o *solvens* e o devedor beneficiado pelo pagamento. A regra, contudo, é de entender-se que a intenção liberal deve ser provada para elidir o reembolso, pois a presunção de liberalidade não é absoluta" (*Comentários...*, cit., vol. V, p. 108).

do "quem paga mal paga duas vezes". Assim, diversamente do cumprimento que pode ser feito por terceiro, o pagamento, em regra, só é liberatório quando feito ao credor.

Mas há *exceções* a essa regra. A primeira é se houve autorização do credor para que o terceiro recebesse a prestação, como no caso de representantes legais, judiciais ou convencionais. O ônus da prova é do devedor. A segunda é se o credor ratificou o cumprimento feito a terceiro, isto é, se o credor, depois de efetuada a prestação, considerou válido o cumprimento feito ao terceiro estranho à relação creditória. A terceira é se o credor vier a se aproveitar do cumprimento e considerar, então, a prestação efetuada a terceiro como feita a si próprio (ex.: pagamento feito a credor do credor). A quarta é se o credor tornar-se herdeiro do terceiro que recebeu a prestação (CC, art. 308). A quinta é se o terceiro, no caso, aparentar ser o credor em face de circunstâncias inequívocas, capaz de ensejar a convicção do devedor de boa-fé de que ele é o verdadeiro credor, eis que assim é aos olhos de todos. É o chamado credor putativo (CC, art. 309). Aqui, há que se levar em consideração a tutela da boa-fé e o respeito à teoria da aparência, devendo o caso ser avaliado com razoabilidade.

Não vale o pagamento feito ao credor incapaz de quitar, salvo se o devedor provar que o cumprimento reverteu em seu benefício; não vale, igualmente, o pagamento feito ao credor falido ou que teve o crédito penhorado (CC, art. 310).

4.4 Lugar do pagamento

A prestação deve ser efetuada no lugar estipulado pelas partes. Vale o *princípio da liberdade de eleição*. Essa estipulação pode ser expressa ou tácita, isto é, resultar das circunstâncias, da natureza da obrigação.

Na falta de especificação, a prestação deve ser cumprida no local fixado pela lei para o cumprimento. A regra geral é a do cumprimento no domicílio atual do devedor (CC, art. 327). Se houver vários domicílios, então será no domicílio existente na data do cumprimento da obrigação e não na data em que a obrigação foi constituída. Se for designado dois ou mais lugares, cabe ao credor a escolha entre eles (CC, art. 327, parágrafo único).

Há a presunção de que a dívida é quesível (*dettes quérables*, do Direito francês), quer dizer, o credor deve ir ou mandar buscar a prestação no domicílio do devedor. A dívida portável (*dettes portables*, do Direito francês) é aquela em que o devedor é quem deve levar ou mandar levar a prestação no domicílio do credor.

A mudança de domicílio do credor, caso a dívida seja portável, só acarretará direito ao ressarcimento do devedor se tornar o cumprimento mais oneroso para ele.

4.5 Tempo do cumprimento

O momento em que a obrigação deve ser cumprida pode ser fixado por acordo de vontade das partes ou por disposição legal. Normalmente, as partes estipulam a data em que vence a obrigação ou o momento em que a prestação pode ser exigida. São as chamadas obrigações *a prazo* ou *a termo*.

O prazo convencional pode ser tanto originário (contemporâneo da obrigação), como subseqüente. Este prazo pode ser ampliado ou reduzido. Pode ocorrer prorrogação do prazo ou substituição do prazo inicial por outro diferente.

O prazo, via de regra, tem caráter suspensivo. O credor não pode exigir o cumprimento da obrigação antes da data.

Tradicionalmente, o prazo é estabelecido a favor do devedor. Isto significa que o credor não pode exigir, antecipadamente, a prestação devida pelo devedor, mas o devedor pode, querendo, renunciar a esse benefício e cumprir a prestação antes do vencimento do prazo. Se, porventura, o prazo foi instituído em benefício do credor,[5] é este que pode exigir o cumprimento antes do tempo estipulado, mas não pode ser forçado a receber antes a prestação. Quando o prazo beneficie a ambos, nem o credor pode ser obrigado a receber antes do tempo a prestação, nem o devedor coagido a efetuá-la.

---

5. Ex.: contrato de depósito – CC, art. 633: "Ainda que o contrato fixe prazo à restituição, o depositário entregará o depósito, logo que se lhe exija, (...)".

Em qualquer caso, vencido o prazo, o credor pode exigir imediatamente o cumprimento da prestação. Não há norma autorizando os tribunais, a exemplo da existente no Direito francês, art. 1.244-1 do CC,[6] a fixar um termo de graça, não superior a dois anos, para que o devedor cumpra a obrigação, quando a posição do devedor e sua situação econômica o justifiquem.

O nosso ordenamento jurídico não admite, a exemplo do que ocorre no ordenamento jurídico português, a cláusula de melhoria, isto é, a estipulação de que o devedor cumprirá a obrigação quando puder. Desta forma, em Portugal, presente a cláusula de melhoria, o credor, para exigir o cumprimento, tem de alegar e provar que o devedor dispõe de meios econômicos suficientes para efetuar a prestação, sem que esta o deixe em situação precária e difícil.

Também não se confia ao arbítrio do devedor o estabelecimento do prazo para cumprir a obrigação (*cum voluerit*, quando quiser).

Há circunstâncias, no entanto, que, apesar de a obrigação ser a prazo e este ter sido estabelecido em benefício exclusivo ou conjunto do devedor, determinam o vencimento imediato da obrigação.

São circunstâncias que acarretam a perda do benefício do prazo as previstas no art. 333 do CC:

a) a insolvência do devedor, caracterizada pela falência ou pelo concurso creditório. O passivo excede o ativo do patrimônio e são reunidos num único processo todos os créditos ou as execuções contra sua pessoa. O *justo receio da insolvência* não autoriza o vencimento antecipado da obrigação, mas permite a tomada de providências que visem a assegurar o recebimento da prestação pelo credor (ex.: arresto);

b) a penhora em execução por outro credor de bens dados em garantia da obrigação;

---

6. "Article 1244-1. Toutefois, compte tenu de la situation du débiteur et en considération des besoins du créancier, le juge peut, dans la limite de deux années, reporter ou échelonner le paiement des sommes dues. Par décision spéciale et motivée, le juge peut prescrire que les sommes correspondant aux échéances reportées porteront intérêt à un taux réduit qui ne peut être inférieur au taux légal ou que les paiements s'imputeront d'abord sur le capital. En outre, il peut subordonner ces mesures à l'accomplissement, par le débiteur, d'actes propres à faciliter ou à garantir le paiement de la dette. Les dispositions du présent article ne s'appliquent pas aux dettes d'aliments".

c) quando há diminuição das garantias prestadas e o devedor intimado recusa-se a reforçá-las. A diminuição, nesse caso, deve acarretar a insuficiência das garantias e não necessita ser fruto de ato imputável ao devedor. Haverá o vencimento antecipado da dívida somente se o devedor, intimado, não reforçar as garantias.

Além destas circunstâncias, outra pode ser mencionada:

d) a falta de cumprimento de uma prestação, nas dívidas pagáveis em prestações. O inadimplemento do devedor quebra a relação de confiança em que se assenta o plano de pagamento escalonado no tempo e justifica a perda do benefício do prazo quanto a todas as prestações previstas para o futuro. Isto só ocorre nas obrigações liquidáveis em prestações, cujo objeto está determinado desde a constituição da dívida e só o seu cumprimento é repartido por frações para facilidade do devedor. Essa regra não se aplica nas obrigações de prestação continuada, como o contrato de trabalho, o contrato de locação etc.

A perda do benefício do prazo pode resultar da insolvência de um só dos devedores, quando eles forem vários. Quando assim for, mesmo que a dívida seja solidária, a sanção aplicável ao devedor responsável não se estende aos outros co-obrigados (CC, art. 333, parágrafo único).

Na falta de estipulação do momento de vencimento da obrigação pelas partes, atua a lei. São as chamadas *obrigações puras*. As obrigações puras são aquelas que, por falta de estipulação ou disposição em contrário, vencem logo que o credor, mediante interpelação, exija o seu cumprimento. O art. 331 do CC estipula que, não tendo sido ajustada época para o cumprimento, o credor pode exigi-lo imediatamente. O devedor, por outro lado, pode a todo tempo exonerar-se da obrigação. É o chamado *princípio da satisfação imediata* ou o *princípio da imediata exigibilidade* das obrigações sem prazo.

Este princípio sofre exceções. Assim, a natureza da obrigação (construção de uma casa, realização de um estudo financeiro complexo e moroso), as circunstâncias que a determinaram (empréstimo de uma máquina para ajudar na colheita de uma safra agrícola), os usos e costumes (remuneração periódica – a cada 30 dias, por exemplo – das prestações de trabalho) impedem a aplicação a certas obrigações do *princípio da imediata exigibilidade*.

4.6 Objeto e prova do pagamento

A prova do pagamento é a quitação, que consiste num documento em que o credor ou seu representante, reconhecendo ter o pagamento de seu crédito, exonera o devedor da obrigação.

Há casos em que há presunção *juris tantum* de pagamento, apesar de não haver quitação que o demonstre.

A recusa em dar quitação autoriza o devedor a reter a prestação.

Capítulo 10
PAGAMENTOS ESPECIAIS

1. Pagamento por consignação: 1.1 Conceito – 1.2 Espécies – 1.3 Pressupostos – 1.4 Requisitos de validade da consignação – 1.5 Comportamento do credor – 1.6 Efeitos – 1.7 Disposições processuais. 2. Pagamento com sub-rogação: 2.1 Conceito – 2.2 Espécies – 2.3 Efeitos: 2.3.1 Eficácia da sub-rogação – 2.3.2 Limite da transferência: a regra da proporcionalidade – 2.3.3 Aplicabilidade à sub-rogação convencional – 2.4 Preferência do credor originário. 3. Imputação ao pagamento: 3.1 Conceito – 3.2 Requisitos – 3.3 Espécies – 3.4 Efeito da imputação. 4. Dação em pagamento: 4.1 Conceito – 4.2 Natureza jurídica – 4.3 Requisitos – 4.4 Efeitos – 4.5 Distinção com a dação em função de cumprimento ("datio pro solvendo") – 4.6 Disposições legais a respeito.

Além do pagamento ou cumprimento, podemos ter o adimplemento da relação jurídica obrigacional por outros modos, ditos especiais ou indiretos, como a consignação em pagamento, o pagamento com sub-rogação, a imputação e a dação em pagamento.

1. Pagamento por consignação

1.1 Conceito

A consignação, modalidade especial de pagamento de efeito liberatório, consiste no oferecimento da prestação devida. Trata-se de depósito judicial ou extrajudicial da quantia ou coisa devida, nos casos e formas legais, cujo resultado é a extinção da obrigação (CC, art. 334). A consignação denomina-se *oferta real*, pois há de consistir no efetivo oferecimento da coisa devida, não basta a promessa ou a declaração de que a coisa se encontra à disposição do credor.

A consignação em pagamento é possível nos casos em que há uma obrigação positiva de dar ou de fazer seguida de um dar (ex.: uma obra). Na sua base está o reconhecimento de que o devedor tem o direito subjetivo de liberar-se do vínculo jurídico contido na relação obrigacional. Assim, a consignação em pagamento é remédio posto à disposição do devedor para exonerar-se da obrigação diante da falta de cooperação, de causa que impossibilite o credor de recebê-la, ou, ainda, para emendar a sua mora. Serve conseqüentemente tanto para prevenir os efeitos da mora como para emendá-la.

1.2 Espécies

A consignação em pagamento pode ser judicial ou extrajudicial. O Código de Processo Civil, durante anos, admitia somente o depósito judicial do objeto da prestação. No entanto, a reforma processual concluída no ano de 1994 admitiu o depósito extrajudicial em estabelecimento bancário oficial, onde houver, para as obrigações pecuniárias.

1.3 Pressupostos

O recurso à consignação em pagamento pressupõe relação obrigacional que tenha por objeto uma prestação de dar. Já as obrigações de fazer e as obrigações de não-fazer, não seguidas de um dar, não podem ser objeto de consignação. Aduz em sua obra Carlos Roberto Gonçalves que "o fato de a consignação realizar-se por meio de um depósito limita a sua aplicação às obrigações de dar, podendo tomar a forma de entrega ou restituição. Constitui modo de extinção das obrigações inaplicável às prestações de fato".[1]

Outro pressuposto básico da consignação em pagamento é a falta de cooperação do credor em permitir que o devedor cumpra a prestação e se libere do vínculo. A falta de cooperação pode ser *voluntária* – situação em que o credor se recusa a receber a prestação ou se recusa a mandar buscá-la, tratando-se de dívida quesível, ou, ainda, se recusa a dar a devida quitação –; ou *involuntária*, casos em que o credor não pode receber a prestação por ser incapaz, por ser desconhecido, por estar

---

1. Carlos Roberto Gonçalves, *Direito Civil Brasileiro*, vol. II, p. 274.

ausente, por residir em local incerto, de acesso difícil ou perigoso, ou, ainda, por pender litígio sobre o objeto do pagamento.

Em resumo, os fatos que desencadeiam a pretensão à consignação têm por fundamento ou a mora do credor (hipóteses dos incisos I e II do art. 335 do CC) ou circunstâncias relacionadas à pessoa do credor que impedem o devedor de cumprir com a prestação e a exonerar-se da obrigação (hipóteses dos incisos III a V do artigo citado). Assim, admite-se a consignação em pagamento todas as vezes em que o devedor não possa efetuar um pagamento válido.

As hipóteses estão descritas no art. 335 do CC. São elas, mais especificamente:

a) a recusa injusta do credor em receber a prestação ou em dar quitação na forma devida (hipótese de mora do credor e dívida *portable*, cujo pagamento deve ser efetuado no domicílio do credor) (CC, art. 335, I). Só a recusa injusta, isto é, não amparada em motivo legítimo autoriza a consignação em pagamento, cabendo ao devedor, autor da ação consignatória, o ônus de provar tal recusa;

b) a demora do credor em não mandar receber a coisa nas condições em que devia fazê-lo, hipótese de mora do credor e de dívida *quérable* (quesível), na qual o credor deve receber a prestação no domicílio do devedor e, por qualquer motivo, deixa de efetuar a cobrança (CC, art. 335, II). A inércia do credor autoriza o devedor a consignar a coisa devida para liberar-se da obrigação. Nesse caso o ônus da prova inverte-se: basta ao devedor alegar a inércia, cabendo ao credor o ônus de provar que buscou receber a prestação;

c) se o credor for desconhecido, incapaz, declarado ausente ou estiver em lugar ignorado ou de difícil acesso (CC, art. 335, III). São situações em que o credor não pode receber a prestação e outorgar quitação por ser desconhecido, estar desaparecido ou em lugar de difícil acesso ou perigoso;

d) se ocorrer dúvida sobre quem tem qualidade creditória (CC, art. 335, IV). Tal dúvida deve fundar-se em boa razão, isto é, estar amparada em circunstâncias razoáveis;

e) se houver litigiosidade do objeto da prestação (CC, art. 335, V). Pode ocorrer que o credor e um terceiro disputem em juízo o objeto da prestação e nesse caso o devedor não deve antecipar-se ao pronunciamento judicial, mas depositá-lo para que o vencedor da demanda o levante; e

f) para purgar a mora do devedor enquanto a prestação ainda for útil ao credor. A consignação em pagamento presta-se, outrossim, para que o devedor purgue a sua mora, isto é, entregue ao credor a prestação devida, cumprida com atraso, acrescida dos encargos decorrentes da mora, como juros, multa e correção monetária. A mora do devedor não impede a propositura da ação consignatória, se dela não advierem, ainda, circunstâncias irreversíveis e o pagamento revelar-se útil ao credor.

1.4 Requisitos de validade da consignação

O art. 336 do Código Civil exige, para que a consignação tenha força de pagamento, o concurso em relação às pessoas, ao objeto, ao modo e tempo de todos os requisitos sem os quais o pagamento não é válido. Isso significa que, em relação às pessoas, o pagamento deve ser feito pelo devedor ou por terceiro interessado, ou por terceiro em nome e à conta do devedor (CC, art. 304 e parágrafo único) ao credor ou a quem o represente, salvo ratificação ou reversão em seu proveito (CC, art. 308). O depósito do objeto da prestação deve ser integral, acrescido dos acessórios e realizado no modo e tempo convencionados, isto é, nunca antes de vencida a obrigação.

1.5 Comportamento do credor

O comportamento do credor na ação de consignação em pagamento está disciplinado pelo art. 338 do CC.

O credor pode aceitar o depósito e a aceitação extinguirá a obrigação e o processo. O credor pode, por outro lado, impugnar o depósito por considerá-lo insuficiente ou inadequado, hipótese em que se permite ao devedor complementá-lo no prazo de dez dias contados da contestação. A aceitação do depósito ou a impugnação do mesmo pelo credor impedem o devedor de levantá-lo (CC, art. 338). Se o credor, depois de aceitar o depósito ou contestá-lo, aquiescer que o devedor o levante, perderá a preferência e a garantia que lhe competem com respeito à coisa consignada e desobrigará os co-devedores e os fiadores que não tiverem concordado com o levantamento do depósito (CC, art. 340).

1.6 Efeitos

O depósito produz o efeito genérico de fazer cessar o cômputo dos juros da dívida e a responsabilidade do devedor pelos riscos da perda e deterioração da coisa e ilide, desde logo, a *exceptio inadimpleti contractus* (CC, art. 337). Se houver exata correspondência entre o bem depositado e o objeto da prestação, a consignação terá grau máximo de eficácia no efeito liberatório do vínculo e extintivo da obrigação.

A sentença de procedência da ação de consignação produz o efeito de extinguir a obrigação.

1.7 Disposições processuais

A ação deverá ser proposta no foro do lugar do pagamento ou no foro em que a coisa se encontra, quando deva ser entregue no lugar em que está (CPC, art. 891 e parágrafo único do CPC).

O autor deve providenciar o depósito da quantia ou da coisa devida no prazo de cinco dias, contados do deferimento (CPC, art. 893, I). Pode depositar as prestações periódicas, uma vez consignada a primeira (CPC, art. 892), e requerer a citação do réu ou daqueles que disputam o objeto da prestação (CPC, art. 895) para levantar o depósito ou para que ofereçam resposta (CPC, art. 893, II), desde que restrita às matérias previstas no art. 896 do CPC: (I) não houve recusa ou mora em receber o objeto da prestação; (II) foi justa a recusa; (III) o depósito não se efetuou no prazo ou no lugar do pagamento; (IV) o depósito não é integral, indicando assim o montante devido. Nesta última hipótese, o autor poderá completar o depósito, em dez dias, salvo se corresponder à prestação cujo inadimplemento acarrete a rescisão do contrato (CPC, art. 899).

2. Pagamento com sub-rogação

2.1 Conceito

Chama-se sub-rogação a transferência da qualidade creditória para aquele que solveu obrigação de outrem ou emprestou o necessário para isto. A idéia é de substituição: uma pessoa toma o lugar de outra e assume sua posição e sua situação. Neste caso o terceiro, que efetuou o pagamento, assume a posição do credor, que teve o seu interesse satisfeito.

A sub-rogação no Direito brasileiro é modo de pagamento sem a liberação do devedor.[2] Define-a Judith Martins-Costa como "adimplemento por outra pessoa, em vez do devedor, sem ser em nome e por conta deste, com a sucessão do terceiro adimplente no crédito, tendo como efeito a satisfação do credor, sem a liberação, contudo, do devedor: o devedor continua ligado porque deve adimplir a quem adimpliu, mas o efeito, relativamente ao credor é o de efetivo pagamento".[3]

A sub-rogação tem como principal função a de permitir que um terceiro possa substituir o devedor, vindo, posteriormente, a reembolsar-se do que pagou. É a chamada *função substitutiva* que hoje é acrescida da *função de garantia*, pois permite assegurar ao credor que o pagamento será realizado, e *da função de crédito*, pois permite ao credor obter crédito por meio mais simples do que a cessão de crédito.[4]

2.2 Espécies

A denominada sub-rogação *legal* vem disposta no art. 346 do Código Civil que cuida, em três incisos, de quatro hipóteses. A primeira é a do credor que paga a dívida do devedor comum. Nesse caso há a concorrência de dois credores sobre uma mesma pessoa, dispensando o Código a exigência (antes presente no Código Civil de 1916) de que um crédito tivesse preferência sobre o outro. A segunda é a do adquirente de imóvel hipotecado que paga a credor hipotecário. O adquirente apresenta-se como interessado em honrar a obrigação a fim de evitar a submissão do bem adquirido ao processo de execução para satisfação do credor hipotecário. A terceira é a do terceiro que efetiva o pagamento para não ser privado de direito sobre o imóvel hipotecado. A quarta é a do terceiro interessado que paga a dívida pela qual era ou podia ser obrigado, no todo ou em parte, como nos casos de devedor solidário, devedor de obrigação indivisível, fiador que paga a dívida do afiançado, sublocatário que purga a mora pelo locatário, segurador que paga a indenização nos limites do contrato de seguro.

2. No Direito português é meio de transmissão das obrigações, enquanto no Direito francês e italiano é meio indireto de pagamento.
3. Judith Martins-Costa, *Comentários ao Novo Código Civil*, vol. V, p. 427.
4. Idem, ibidem.

A sub-rogação pode ser *convencional*, isto é, permitida ou pelo credor ou pelo devedor.

Na sub-rogação consentida pelo credor (CC, art. 347, I), este, ao receber de terceiro o seu crédito, expressamente lhe transfere todos os seus direitos, sendo dispensável, no caso, a anuência do devedor. O terceiro, por sua vez, deve ser considerado como não interessado, pois o cumprimento por terceiro interessado configura situação de sub-rogação legal. Exige-se contemporaneidade entre a sub-rogação e o pagamento, pois sub-rogação posterior a este já colheria extinta a obrigação. A sub-rogação pode ser feita no mesmo instrumento da quitação ou em instrumento apartado.

Na sub-rogação consentida pelo devedor (CC, art. 347, II), o terceiro fornece os meios ao devedor para que ele cumpra a obrigação com o compromisso expresso de o mutuante sub-rogar-se nos direitos do credor satisfeito. Não há necessidade de concordância do credor. A sub-rogação consentida pelo devedor pressupõe negócio jurídico bilateral entre o devedor e o terceiro, normalmente um contrato de mútuo, com a cláusula de que o bem emprestado destina-se a quitar aquela obrigação. Além disso, segundo a doutrina, há necessidade que da quitação dada pelo credor conste declaração inequívoca de que o pagamento foi realizado com dinheiro originário do novo credor e de que houve sub-rogação do terceiro nos direitos do credor. A recusa do credor em outorgar quitação com essas declarações autorizaria a propositura de ação de consignação em pagamento.[5]

2.3 Efeitos

2.3.1 *Eficácia da sub-rogação*

A sub-rogação transfere ao novo credor os direitos, ações, privilégios e garantias do primitivo credor em relação à dívida. Esta transferência ocorre *ex lege*. O que produz a transferência é a *eficácia do negócio*, seja ele bilateral ou unilateral. O negócio precisa ser eficaz. A transferência é do crédito com os direitos acessórios, que podem consistir em garantias reais ou fidejussórias. Essa é a função mais prestante da sub-rogação pessoal. Assim como são transmitidas as vantagens, também são transmitidos os inconvenientes.

5. Idem, p. 453.

A eficácia também diz respeito à medida do reembolso do *solvens*. O sub-rogado não pode reclamar do devedor a totalidade da dívida, mas apenas aquilo que efetivamente pagou, como estabelecido no art. 350, concernente à sub-rogação legal.

A sub-rogação resulta na manutenção da dívida. Uma vez satisfeito o credor pelo terceiro que efetuou o pagamento, a dívida se conserva respeitante ao devedor originário. Assume o terceiro, *efetivo solvens*, a posição do credor, uma vez dele recebida a quitação.

2.3.2 Limite da transferência: a regra da proporcionalidade

Na sub-rogação legal, o credor sub-rogado investe-se no crédito corresponde ao valor que pagou. É uma tradução do princípio da proporcionalidade previsto no art. 346: a transferência se dá *na medida do que se solveu*. O sub-rogado não terá contra o devedor mais direitos do que o primitivo credor, não tendo o direito de exigir o montante total do crédito, salvo se assim houver pago ao credor originário, sob pena de restar caracterizado o enriquecimento sem causa.

2.3.3 Aplicabilidade à sub-rogação convencional

Na vigência do Código Civil de 1916, por força de uma emenda supressiva, prevaleceu o entendimento de que "na sub-rogação convencional não se tem de atender à soma que o sub-rogado tiver desembolsado para desobrigar o devedor", isto é, não vingaria o princípio da proporcionalidade. Judith Martins-Costa entende que "hoje em dia, modificada a perspectiva ideológica, e inseridos no Código princípios como o da boa-fé (CC, art. 422) e da proteção ao aderente (CC, arts. 423 e 424) e do que veda o enriquecimento sem causa (CC, art. 884), (...) cremos não haver dúvida de que a regra do art. 350 se aplica, também, à sub-rogação convencional, sob pena de restar caracterizado o 'caráter especulativo' que não se coaduna com a sub-rogação em nenhuma de suas formas".

2.4 Preferência do credor originário

O credor originário só em parte reembolsado tem preferência em relação ao credor sub-rogado na cobrança da dívida restante, se os bens do devedor forem insuficientes para saldar os créditos de ambos. Há um privilégio instituído em favor do credor originário, semelhante ao que era previsto no Código Civil de 1916.

3. Imputação ao pagamento

3.1 Conceito

Imputar é atribuir algo. No direito das obrigações, imputar é indicar, na multiplicidade de obrigações contraídas com a mesma pessoa, sobre qual obrigação deverá operar a eficácia extintiva do pagamento realizado. É *determinar a dívida que se pretende quitar*.

Imputar é a faculdade que, em princípio, o devedor tem de escolher, dentre as várias prestações devidas ao mesmo credor, qual dos débitos será satisfeito, ou seja, a aplicação pelo devedor de um pagamento a determinada dívida, dentre outras, que possui com o mesmo credor, dado que sejam todas da mesma natureza, líquidas e vencidas (CC, art. 352).

3.2 Requisitos

A imputação pressupõe *a existência de dualidade ou pluralidade de prestações* ou de obrigações, pois sem elas não há como imputar a eficácia extintiva do pagamento suficiente apenas para quitar *uma* das prestações ou obrigações. Contudo, tal requisito pode ser dispensado na hipótese de uma única obrigação e prestação cujo objeto seja dar quantia certa (principal) acrescida de juros (remuneratórios), prevista no art. 354 do CC. Neste caso, o pagamento realizado será imputado primeiro nos juros vencidos e depois no capital.

Deve haver *identidade de credor e de devedor*. A existência de obrigações da mesma natureza, mas com credores diversos, não comuns, impede a imputação.

A imputação pressupõe *igual natureza das prestações*. As prestações devem ser reciprocamente fungíveis ou cambiáveis e, para isso, devem ser da mesma espécie e qualidade. Além disso, há necessidade de os débitos serem líquidos e exigíveis. As prestações não precisam ser da mesma quantidade, mas devem observar o princípio da continência e do contido, isto é, uma deve ser igual ou maior que à outra.

O pagamento a ser imputado deve ser suficiente para quitar totalmente qualquer das dívidas, pois se for insuficiente para quitar qualquer uma delas não dá direito à imputação, já que não se pode obrigar o credor a receber parcialmente.

3.3 Espécies

A imputação cabe ao devedor (*imputação do devedor*). Se ele não a exerce, transfere-se ao credor (*imputação do credor*) e se este, por sua vez, também não a exerce, a lei disciplina o critério a ser obedecido (*imputação legal*).

A imputação *pela vontade do devedor* (CC, art. 352) é aquela feita pelo devedor que indica a dívida que deverá ser extinta. A sua vontade não é absoluta, pois encontra limite no art. 314 do CC (que o impede de imputar pagamento parcial em dívida de maior vulto) e no art. 354 do mesmo diploma legal (que o proíbe de imputar o pagamento no capital, se houver juros vencidos).

A imputação *pela vontade do credor* (CC, art. 353) é subsidiária à vontade do devedor e contemporânea à quitação (CC, art. 320). Quer dizer, o credor, ao dar a quitação, indicará qual a dívida está sendo quitada, de modo que o devedor não poderá reclamar mais tarde, se a isto não se opuser, naquele momento, ou se não tiver sofrido coação ou sido vítima de dolo.

A imputação *por determinação legal* (CC, art. 355) ocorre no caso de omissão do devedor e do credor na imputação. Nesse caso, a imputação se fará nas dívidas líquidas e vencidas em primeiro lugar e se elas forem líquidas e vencidas ao mesmo tempo será feita a imputação na mais onerosa, isto é, na obrigação que tiver cláusula penal ou juros moratórios.

3.4 Efeito da imputação

A imputação produz o efeito de operar a extinção do débito indicado. O efeito extintivo recai sobre todas as garantias da obrigação extinta pela imputação, não sendo possível revivê-las.

4. Dação em pagamento

4.1 Conceito

A dação em pagamento é o acordo entre o credor e o devedor, por via do qual o primeiro concorda em receber do segundo, para desobrigá-lo da prestação, objeto diferente daquele pactuado. Trata-se de um acordo liberatório (CC, art. 356), que excepciona o princípio da exatidão que informa o pagamento das obrigações.

O antecedente histórico do instituto da dação em pagamento é localizado no Direito Romano, na figura do *beneficium dationis in solutum* (benefício da dação em pagamento) permitido por Justiniano para excepcionar a regra *aliud pro alio invito creditore solvi non potest* (uma coisa por outra, contra a vontade do credor, não pode ser solvida). Isso porque o devedor de certa soma em dinheiro podia oferecer, mesmo contra a vontade do credor, em lugar do dinheiro, os bens móveis e depois os imóveis, que eram avaliados e destinados a quitar a obrigação, ficando o credor obrigado a restituir o que excedesse o valor da dívida. Criou-se a figura da *datio in solutum* necessária; fora dessa hipótese, a *datio in solutum* demandava a anuência do credor.

Atualmente, como visto, não há mais a figura da dação em pagamento contra a vontade do credor, apenas a dação em pagamento com a concordância do credor, restando em nosso sistema a vetusta regra *aliud pro alio invito creditore solvi no potest*.

4.2 Natureza jurídica

A dação em pagamento é negócio jurídico liberatório que permite ao devedor realizar prestação diversa daquela pactuada com o credor para extinguir a obrigação. É um negócio oneroso e real, pois sua constituição pressupõe a entrega do bem.

A dação em pagamento pode ter por objeto *prestação de qualquer natureza*. É possível pactuar a entrega de coisa ao invés de dinheiro (*rem pro pecunia*); coisa ao invés de outra coisa (*rem pro re*); fato ao invés de coisa (*factum pro re*); coisa ao invés de fato (*rem pro facto*); fato ao invés de dinheiro (*factum pro pecunia*). O objeto tem de ser *atual*.

Não há necessidade de que haja coincidência entre o valor da coisa recebida e o montante da dívida. Pode o credor receber um objeto mais ou menos valioso. Admite-se nesse último caso a quitação parcial da obrigação.

4.3 Requisitos

A dação em pagamento pressupõe que haja uma obrigação vencida. A prestação deve ser diversa da anteriormente combinada e deve haver um acordo entre credor e devedor com *animus solvendi*, isto é, a entrega de coisa diversa pelo devedor ao credor com o propósito de extinguir a obrigação.

4.4 Efeitos

A dação em pagamento produz o efeito extintivo da obrigação. O efeito extintivo está condicionado à inexistência de evicção do direito sobre o bem transmitido ao credor pela dação em pagamento.

A evicção é a perda, total ou parcial, de um direito sobre a coisa em razão de sentença judicial que a atribui a terceiro. Ela determina o retorno da coisa à esfera de titularidade do seu verdadeiro proprietário, cabendo ao alienante responder ao adquirente pelas perdas e danos. No caso de ocorrer a evicção do bem dado em pagamento o efeito é diverso: há o restabelecimento da obrigação primitiva com todas as suas garantias, perdendo eficácia a quitação dada, ressalvados os direitos de terceiros (CC, art. 359).

O resguardo dos direitos de terceiro pressupõe uma situação de confiança legítima ou justa, devidamente justificada pelas circunstâncias, provocada por aquele que suportará a ressalva dos direitos de terceiro, e que resultou na realização de atividades jurídicas (investimento de confiança) por aquele que terá a sua confiança tutelada.

A evicção, em síntese, produz dois efeitos:

a) o restabelecimento da dívida; e

b) a proteção dos terceiros.

4.5 Distinção com a dação em função de cumprimento ("datio pro solvendo")

Na dação em função de cumprimento, hipótese não prevista no Código Civil, o devedor efetua uma prestação diferente da devida para que o credor obtenha mais facilmente, pela realização do valor dela, a satisfação do seu crédito, sendo que este só se extingue quando for satisfeito e na medida respectiva.[6]

4.6 Disposições legais a respeito

"Determinado o preço da coisa dada em pagamento, as relações entre as partes regular-se-ão pelas normas do contrato de compra e venda" (CC, art. 357).

Se a coisa dada em pagamento for título de crédito, a transferência importará em cessão (CC, art. 358). A operação deverá ser notificada ao cedido (CC, art. 290), ficando o devedor responsável pela existência do crédito transmitido (CC, art. 295).

Por fim, vale lembrar que a evicção da coisa recebida em pagamento restabelece a obrigação primitiva, ficando sem efeito a quitação dada (CC, art. 359).

---

6. Idem, p. 488.

Capítulo 11
EXTINÇÃO DAS OBRIGAÇÕES SEM PAGAMENTO: NOVAÇÃO, COMPENSAÇÃO, CONFUSÃO E REMISSÃO

1. Novação: 1.1 Conceito – 1.2 Requisitos – 1.3 Espécies de novação – 1.4 Efeitos da novação. 2. Compensação: 2.1 Conceito – 2.2 Fins – 2.3 Espécies: 2.3.1 Compensação legal: 2.3.1.1 Pressupostos da compensação legal – 2.3.1.2 Efeitos – 2.3.2 Compensação convencional – 2.3.3 Compensação judicial – 2.4 Dívidas não compensáveis – 2.5 Compensação e direito de terceiros. 3. Confusão: 3.1 Conceito – 3.2 Efeitos – 3.3 Pressupostos da confusão. 4. Remissão das dívidas: 4.1 Conceito – 4.2 Requisitos – 4.3 Efeitos – 4.4 Espécies – 4.5 Direito de resistência.

1. Novação

1.1 Conceito

Novação é a constituição de uma obrigação nova em substituição de outra, que conseqüentemente fica extinta. É forma de extinção da obrigação sem pagamento por operar o desaparecimento do vínculo preexistente, mas como não se efetua a prestação devida, outro vínculo obrigatório nasce em substituição ao primeiro.

1.2 Requisitos

A novação requer a capacidade do agente e a emissão de vontade. Requer, também, a existência da antiga obrigação.

É possível novar obrigação natural e obrigação anulável; a nula não (CC, art. 367). Exige, outrossim, o surgimento de uma nova obrigação válida. Se não se chega a constituir, ou se é nula, nem produz o efeito de estabelecer o vínculo jurídico essencial à sua própria existência.

Demanda, também, o *animus novandi*, isto é, a intenção de novar, que pode ser expressa ou tácita, mas que não se presume. A incompatibilidade entre a antiga e a nova obrigação é um critério para descobrir o *animus novandi*. Há novação quando a segunda obrigação é incompatível com a primeira, quando a vontade das partes milita no sentido de que a criação da segunda resulte na extinção da primeira.

A novação requer, ainda, algo novo (*aliquid novi*), que pode atingir a prestação (lado objetivo da obrigação) ou as partes (lado subjetivo da obrigação).

1.3 Espécies de novação

A *novação objetiva* é aquela em que a obrigação sofre alterações quantitativas, qualitativas ou causais, sem alteração dos sujeitos. As partes pactuam o aumento do valor da dívida (quantitativa) ou mudam a prestação (de dar para fazer) ou a causa (o devedor de uma obrigação *ex delicto* passa a figurar como devedor de um título cambial).

A *novação subjetiva* é aquela em que a obrigação sofre uma alteração dos sujeitos, isto é, das partes que dela participam. Exemplos de sua ocorrência são:

a) quando um novo devedor suceder ao antigo, ficando quite com o credor (CC, art. 360, II). Denomina-se *delegação* quando o devedor transmite a dívida ao novo devedor ou encarrega um terceiro de exonerá-lo junto ao credor (*delegação perfeita*). (A delegação imperfeita não extingue a obrigação, mas apenas acrescenta um novo devedor). A delegação *depende do consentimento do credor*. Denomina-se *expromissão* quando a substituição do devedor se dá sem a sua anuência e só com a concordância do credor (CC, art. 362). Em outras palavras, o credor substitui o devedor primitivo sem o seu consentimento. A insolvência do novo devedor não autoriza o credor, que aceitou a novação, restaurar o antigo vínculo, salvo se a substituição tiver provido de má-fé do sujeito passivo (CC, art. 363);

b) quando um novo credor substitui o antigo, ficando o devedor quite com o antigo credor (CC, art. 360, III), de modo que esse devedor se exonera sem cumprir a obrigação.

1.4 Efeitos da novação

A novação extingue a obrigação anterior (CC, art. 360, I). Ela também extingue os acessórios da dívida (fiança, hipoteca, penhor, anticrese, multa e juros) (CC, art. 364) se não houver estipulação em contrário. Entretanto, dessa estipulação em contrário devem participar os garantidores da dívida.

2. Compensação

2.1 Conceito

A compensação é um modo de extinção das obrigações quando duas pessoas forem credoras e devedoras uma da outra (CC, art. 368). Cuida-se de modalidade de extinção de obrigações recíprocas, proporcional aos respectivos valores. Trata-se de modo indireto de extinção das obrigações, já que não há a realização de pagamentos.

2.2 Fins

A economia de tempo e a economia de recursos são os objetivos da compensação. Ela elimina a circulação inútil de moeda, evita o risco oriundo de eventual insolvência do credor já pago e é um modo mais rápido e ágil de regularizar a situação entre credores e devedores recíprocos.

2.3 Espécies

A compensação pode ser *total*, caso em que os valores das obrigações são iguais de modo a ensejar a extinção de ambas as obrigações; pode ser *parcial*, o que ocorre se os valores das obrigações são desiguais de modo a ensejar a extinção parcial ao menos de uma das obrigações; pode ser *legal*, se ela independe da vontade das partes e decorre da lei; pode ser *convencional*, quando depende de manifestação de vontade das partes; e pode ser, ainda, *judicial*, no caso de depender de decisão judicial.

2.3.1 *Compensação legal*

A compensação legal é aquela baseada nos pressupostos legais. Ela pode ser argüida em contestação, reconvenção ou em embargos à execução, caso haja execução ajuizada.

2.3.1.1 Pressupostos da compensação legal – A compensação legal pressupõe obrigações recíprocas. Duas pessoas devem ostentar simultaneamente a qualidade de credor e devedor (CC, art. 368). Assim, o terceiro não interessado não pode compensar a dívida do devedor com eventual crédito que tenha em face do credor, ou melhor, a compensação não pode extinguir obrigações de terceiro com alguma das partes (CC, art. 376) por faltar-lhe o requisito da reciprocidade. Já o fiador, espécie de terceiro interessado, pode compensar a dívida com eventual crédito que tenha em face do credor (CC, art. 371).

Ambas as obrigações devem ser líquidas. Líquida é a obrigação certa quanto à sua existência e determinada quanto ao seu objeto e montante.

As obrigações devem ser exigíveis, de modo que as dívidas ainda não vencidas não podem ser exigidas. Dívida exigível é dívida vencida ou com vencimento antecipado. Os prazos de favor não obstam a compensação (CC, art. 372).

As prestações devem ser substituíveis entre si. Não posso compensar dívidas de açúcar com café, nem dívidas de arroz tipo 1 com arroz tipo 2. As dívidas devem ter a mesma natureza e ser fungíveis entre si, isto é, homogêneas.

2.3.1.2 Efeitos – Presentes os requisitos da compensação, a extinção opera-se de pleno direito, *ex vi legis*. Assim, não importa a capacidade das partes, porquanto a compensação produz efeitos a partir do instante em que é possível realizá-la, atingindo também os acessórios (CC, art. 368).

2.3.2 *Compensação convencional*

A compensação convencional resulta de um acordo de vontades. Ela permite a dispensa de alguns requisitos da compensação legal, pois ela se situa no campo do exercício da autonomia privada. A compensação convencional não é, contudo, ilimitada. Ela deve respeitar a ordem pública e a função social do contrato.

2.3.3 Compensação judicial

A compensação judicial é determinada pelo juiz e ocorre nos casos em que há reconvenção.

2.4 Dívidas não compensáveis

Algumas obrigações não são compensáveis, como aquelas em que as partes renunciaram à compensação, denominada exclusão bilateral (CC, art. 375). Também não são compensáveis as obrigações originárias de esbulho, furto ou roubo e as obrigações decorrentes de comodato, depósito (confiança mútua) ou alimentos (indispensável para a subsistência do alimentando).

Não pode ocorrer compensação com coisas impenhoráveis, isto é, as que não são suscetíveis de execução obrigatória, pois não se admitiria o pagamento, por meio de alienação, de uma coisa que a própria lei impede de alienar.

2.5 Compensação e direito de terceiros

A compensação não pode prejudicar direito de terceiros. Não pode haver compensação entre A e B se o crédito de B em relação a A estiver penhorado para assegurar uma dívida que B tem em relação a C (CC, art. 380).

3. Confusão

3.1 Conceito

A constituição e a permanência do vínculo obrigacional, como relação entre sujeitos, pressupõem, pelo menos, duas pessoas distintas ocupando os pólos antagônicos da obrigação. Uma no lado ativo da obrigação, com o direito de exigir a prestação, e outra, diversa da primeira, no lado passivo da obrigação, obrigada a prestar. A reunião em uma única pessoa das qualidades de credor e devedor de uma mesma obrigação chama-se confusão (CC, art. 381).

A confusão pode ocorrer por várias causas: cessão, sub-rogação, sucessão *causa mortis*, e ocorre quando as qualidades de credor e devedor se reúnem em um só indivíduo, como também quando um terceiro é sucessor universal do credor e do devedor ao mesmo tempo.[1]

3.2 Efeitos

A confusão acarreta como conseqüência a extinção parcial ou total da obrigação (CC, arts. 381 e 382). Trata-se de opção legislativa ante a justificativa lógica de proibir que alguém, como credor, possa exigir de si próprio, como devedor, a realização de certa prestação. O legislador, no entanto, poderia ter adotado outra posição. Ele poderia, apenas, paralisar eventual pretensão do credor enquanto perdurasse a confusão, remanescendo íntegra a obrigação, tão logo fosse desfeita a confusão.

A confusão referente à obrigação principal extingue também a obrigação acessória. Assim, a confusão entre credor e devedor extingue a fiança. Já a confusão referente à obrigação acessória não extingue a obrigação principal. Desta forma, a confusão entre o credor e o fiador ou entre o devedor e o fiador encerra, apenas, a fiança, não a obrigação principal. Também a confusão ocorrida na pessoa do devedor solidário ou na pessoa do credor solidário implica na extinção da obrigação relativamente à quota parte, subsistindo íntegra quanto ao saldo (CC, art. 383).

A obrigação indivisível não se reparte entre os credores ou os devedores em virtude de natureza de objeto. Se há confusão parcial, a obrigação se extingue em relação a essa cota, por aplicação analógica do art. 262 do CC.

O Código Civil brasileiro optou pela extinção da obrigação, caso ocorra a confusão. A norma do art. 384 deve ser interpretada restritivamente. A regra "cessando a confusão, para logo se restabelece, com todos os seus acessórios, a obrigação anterior" deve ser aplicada aos casos em que o fato que deu origem à confusão é anulado. Exemplo: um

---

1. Manuel Inácio Carvalho de Mendonça, *Doutrina e Prática das Obrigações*, t. I, p. 683.

testamento, em virtude de cujas disposições se haja verificado uma confusão e que seja ulteriormente anulado.

Para exata compreensão do art. 384 do CC o melhor é distinguir a resolução por causa necessária preexistente da resolução em causa voluntária posterior. Segundo Manuel Inácio Carvalho de Mendonça:

"Então se o ato ou contrato de que resultou a confusão se rescindir ou anular, ficará ela sem efeito, recobrando as partes seus direitos anteriores com os privilégios, hipotecas e demais acessórios do crédito.

"Se, porém, ela for revogada por mero convênio das partes, como ninguém pode com ato seu prejudicar a terceiros, a revogação eficaz entre as partes não pode reviver contra estes os acessórios do crédito".[2]

A solução acima foi a prevista pelo Código Civil português no art. 873, conforme lição de Antunes Varela: "A verdade, porém, é que a confusão opera, por força da lei (art. 868), como causa de extinção da obrigação principal, bem como dos seus acessórios e garantias. E o renascimento da obrigação só é previsto para o caso de destruição dos pressupostos da confusão, quando o fato gerador dessa destruição seja anterior à confusão".[3]

É a opinião, também, de Clovis Bevilaqua:

"A confusão cessa, ou porque a causa de que procede é transitória ou porque é uma relação jurídica ineficaz. Exemplo do primeiro caso: o fiduciário é credor do *de cujus*; mas, resolvido o seu direito, os bens passam ao fideicomissário; desaparece a confusão, e restaura-se a dívida, se não estiver prescrita. Exemplo do segundo caso: o testamento, que conferiu ao devedor direitos hereditários é anulado. Houve confusão apenas enquanto a nulidade não foi declarada.

"Se, porém, se trata de uma dívida garantida por hipoteca ou penhor, e aquela foi cancelada, ou este remido, é claro que se não restauram as garantias reais com o restabelecimento da dívida. O mesmo deve dizer-se da fiança".[4]

---

2. Idem, p. 689.
3. João de Matos Antunes Varela, *Das Obrigações em Geral*, 2ª ed., vol. II, p. 223.
4. Clovis Bevilaqua, *Código Civil dos Estados Unidos do Brasil*, p. 167.

3.3 Pressupostos da confusão

A confusão pressupõe a confusão dos patrimônios. Não há confusão quando as qualidades opostas de credor e devedor se reúnem numa pessoa, mas de forma que o crédito e a dívida façam parte, um do patrimônio geral e outro do patrimônio especial. Exemplo: A é credor de B. A casa-se com B e adota o regime da comunhão universal de bens. A rigor haveria confusão, mas como o art. 1.668, III, do CC exclui da comunhão as dívidas anteriores ao casamento, não há extinção da obrigação por confusão.

Também segundo a doutrina, alguns créditos não desaparecem pela confusão. O título ao portador não se extingue porque volta ao poder do emitente.[5]

4. Remissão das dívidas

4.1 Conceito

Clovis Bevilaqua define a remissão como a libertação graciosa da dívida. Equivale a perdão: "Remissão é a libertação graciosa da dívida. É a renúncia, que faz o credor, de seus direitos creditórios, colocando-se na impossibilidade de exigir-lhes o cumprimento".[6]

Segundo Silvio Rodrigues, remissão é a liberalidade do credor, consistente em dispensar o devedor de pagar a dívida.[7]

A dúvida maior reside na *natureza jurídica* da remissão.

A remissão seria um ato unilateral, isto é, praticado exclusivamente pelo credor e, nesse caso, equivaleria à renúncia, dispensando a concordância do devedor ou, ao contrário, a remissão seria ato bilateral e, para produzir efeitos, dependeria do consentimento expresso ou tácito do devedor? Para Clovis Bevilaqua a remissão é ato unilateral, equivale à renúncia. A doutrina italiana comunga dessa mesma opinião: a remissão de dívida é negócio jurídico unilateral, uma espécie particular de renúncia a um direito, aplicada ao direito de crédito. Extingue-se o crédito pela simples declaração de seu titular, assim como sucede na re-

---

5. Orlando Gomes, *Obrigações*, p. 154.
6. Clovis Bevilaqua, *Código Civil...*, cit., p. 168.
7. Silvio Rodrigues, *Direito Civil*, vol. II, p. 290.

núncia de qualquer direito, que é ato eminentemente unilateral. Dispensa-se, por conseguinte, o consentimento do devedor. Não há razão para exigi-lo. A lei, como observa Ruggiero, não tem qualquer interesse em manter a obrigação contra a vontade do credor. Se ele não quer receber a prestação não há razão para forçá-lo a conservar um direito de que voluntariamente se demite. Trata-se, pois, de renúncia válida, com eficácia liberatória, desde que o renunciante possa dispor do crédito a que renuncia.[8]

Já Serpa Lopes e Silvio Rodrigues conceituam a remissão como ato bilateral. A remissão depende da vontade, expressa ou tácita, do devedor, que pode repeli-la utilizando a consignação em pagamento. A remissão na doutrina alemã tem natureza contratual. É um contrato liberatório. Todavia, facilita-se sua estipulação ao se admitir largamente a aceitação tácita. Basta que o devedor não se oponha, dentro de certo prazo, à declaração do credor, significando o silêncio que aceita o perdão.[9]

O art. 385 do CC, que exige a aceitação da remissão pelo devedor; acolheu, assim, a doutrina que a conceitua como ato consensual.

4.2 Requisitos

A remissão exige capacidade da parte. Não basta a capacidade de agir. Como é ato de disposição, o credor deve ter capacidade para dispor do crédito de que quer renunciar. Consistindo em uma liberalidade, a eficácia do ato depende não só da capacidade ordinária de quem o faz, como também da legitimação para alienar, pois a remissão, diminuindo o patrimônio do credor, equivale a ato de disposição.[10]

4.3 Efeitos

A remissão tem por efeito a extinção do crédito.

4.4 Espécies

A remissão *expressa* é aquela declarada pelo credor. Traduz-se num ato jurídico.

---

8. Orlando Gomes, *Obrigações*, p. 150.
9. Idem, p. 150.
10. Silvio Rodrigues, *Direito Civil*, vol. 2, p. 289.

A remissão *tácita* manifesta-se pela entrega do documento representativo da obrigação (CC, art. 386). Esse artigo da remissão tácita conflita aparentemente com o art. 324 do CC.

Mas, afinal, a entrega do documento representativo da obrigação firma a presunção de pagamento (CC, art. 324) ou comprova que houve a remissão tácita?

O conflito é apenas aparente. A solução estaria na alegação do devedor. Esta solução, contudo, não é satisfatória em face do direito de terceiro proteger-se da fraude contra credores. Voltamos ao ponto inicial de nossa indagação.

Orlando Gomes entende que a remissão pode ser *gratuita* ou *onerosa*. A causa de uma remissão a título gratuito é, quase sempre, a doação. A remissão onerosa revestiria a forma contratual.

4.5 Direito de resistência

Diga-se, por fim, que o Código Civil admite a oposição do devedor à remissão. O devedor tem o direito de cumprir a obrigação e pode discordar do perdão, compelindo o credor, mediante ação de consignação em pagamento, a receber a prestação.

Capítulo 12
MORA

1. Conceito. 2. Espécies: 2.1 Requisitos da mora do devedor: 2.1.1 Efeitos da mora do devedor – 2.1.2 Purgação ou emenda da mora – 2.2 Requisitos da mora do credor: 2.2.1 Falta de cooperação do credor nas obrigações quesíveis ("quérables") – 2.2.2 Recusa injusta do credor em receber a prestação nas obrigações portáveis ("portables") – 2.2.3 Efeitos da mora do credor (CC, art. 400) – 2.2.4 Purgação da mora do credor.

No âmbito da patologia (irregularidades) das obrigações temos o inadimplemento (descumprimento) e a mora (demora no cumprimento). Há distinção entre eles: o inadimplemento define a posição do devedor como inadimplente, como se verá no próximo capítulo; a mora consiste na demora no cumprimento da prestação, sem significar que o devedor não a possa cumprir mais tarde.

A noção corrente de mora está ligada à idéia de retardo no cumprimento da prestação. Mora seria o retardo culposo no cumprimento da obrigação, isto é, a demora em realizar a prestação devida. Houve, no entanto, uma ampliação do conceito para estendê-lo a outras circunstâncias ligadas ao cumprimento da prestação, como o modo e o lugar.

1. Conceito

Mora é o retardo culposo no cumprimento da obrigação. O devedor, por culpa, deixa de efetuar o pagamento no tempo, lugar e forma convencionados ou o credor, sem justa causa, recusa-se a receber o pagamento no tempo, lugar e forma convencionados (CC, art. 394). Judith Martins-Costa define-a como "a não realização da prestação devida na medida em que essa não-realização corresponda à violação da norma, legal ou convencional, que era especificamente dirigida ao devedor (cominando o dever de prestar) ou ao credor (cominando o dever de receber)".[1]

2. Espécies

A mora ou retardo culposo pode ser do devedor (*mora debitoris*), hipótese mais freqüente, ou do credor (*mora creditoris*).

2.1 Requisitos da mora do devedor

A mora do devedor deve preencher alguns requisitos.

Em primeiro lugar, a obrigação a que ele está obrigado deve ser positiva (dar e fazer), vencida, líquida e certa. A obrigação de não fazer não admitiria a mora, mas apenas a inexecução (CC, art. 390).

Em segundo lugar deve haver a culpa do devedor. A demora deve ser imputada ao devedor, afirma expressamente o art. 396 do CC: "não havendo fato ou omissão imputável ao devedor, não incorre este em mora". Há a presunção de culpa. Assim, cabe ao devedor o ônus de provar a ausência de culpa, cuja presunção pode ser afastada pelo caso fortuito.[2]

Em terceiro lugar, a constituição do devedor em mora. É importante determinar o início da mora para precisar o início dos seus efeitos. A constituição do devedor em mora deve observar algumas regras. Na obrigação positiva, líquida, certa, com vencimento determinado, a constituição em mora é *ex re*. O prazo interpela pela parte (*dies interpellat pro homine*). Dispensa-se porém qualquer interpelação por parte do credor (CC, art. 397). Essa regra tem eficácia reduzida nas dívidas quesíveis (*quérable*), pois nelas é o credor quem deve receber a prestação no domicílio do devedor. Nesse caso, só haverá mora do devedor se ele se recusar a efetuar o pagamento.

1. Judith Martins-Costa, *Comentários ao Novo Código Civil*, vol. V, t. II, p. 224.
2. "Caso fortuito" e "força maior" são expressões semelhantes, como se verá no item 2.1 "Inadimplemento não imputável ao devedor (não culpável)", do Capítulo XIII.

Já para obrigações sem vencimento estipulado ou para algumas obrigações previstas em lei, como a venda de lotes, a constituição em mora depende de ato do credor, denominado interpelação, notificação ou protesto. É a mora *ex persona*. A interpelação deve encerrar o intento de o credor exigir o pagamento (CC, art. 397, parágrafo único).

Por fim, como visto, nas obrigações negativas, isto é, nas obrigações de não fazer, há a regra do art. 390 do Código Civil, em que a mora confunde-se com a inexecução. Nas obrigações decorrentes de atos ilícitos, a lei presume a mora do autor do ilícito desde a prática do ato (CC, art. 398).

2.1.1 Efeitos da mora do devedor

A mora do devedor produz alguns efeitos.

O primeiro deles é o de *perpetuar a obrigação*, o que significa que a mora torna imperecível o objeto da prestação. O devedor pode até responder pelo perecimento ocasionado pelo caso fortuito, mas sua responsabilidade dependerá nesse caso da existência de um nexo de causalidade entre a mora e o fato de haver se tornado impossível à prestação (a prestação se ter tornado impossível por causa da mora). Se não há o nexo de causalidade, o devedor não responde. O ônus da prova é do devedor (CC, art. 399).

O segundo, dos efeitos é desencadear a responsabilidade do devedor pelos prejuízos causados por sua mora, regra prevista no art. 395 do CC.

2.1.2 Purgação ou emenda da mora

Purgar a mora é purificá-la; diz-se também emendá-la. O devedor a purga oferecendo a prestação devida, mais a indenização devida pelos danos causados pela mora (CC, art. 401, I) (juros moratórios, cláusula penal moratória, se convencionada, danos emergentes e lucros cessantes). É um ato espontâneo da parte morosa que objetiva remediar a situação a que deu causa, evitando os efeitos dela decorrentes e reconduzindo a obrigação à normalidade.[3]

---

3. Maria Helena Diniz, *Comentários ao Código Civil*, p. 308.

A purgação da mora pelo devedor depende da utilidade da prestação para o credor. O credor pode rejeitar a prestação por não lhe ser mais útil, transformando a mora em inadimplemento. O critério é econômico. Cabe ao juiz analisar se a prestação é ainda útil ou não ao credor (CC, art. 395, parágrafo único).

2.2 Requisitos da mora do credor

2.2.1 Falta de cooperação do credor nas obrigações quesíveis ("quérable")

A mora do credor se configura pelo seu não comparecimento ao lugar em que deveria buscar o pagamento, que é, em regra, o domicílio do devedor (como visto no Capítulo IX, item 4.4 "Lugar do pagamento").

Mas, além disso, a mora do credor se configura sempre que, por qualquer motivo, ele deixa de cooperar, em toda a extensão de seu dever, para o cumprimento da obrigação.

2.2.2 Recusa injusta do credor em receber a prestação nas obrigações portáveis ("portables")

Nesse caso, há a oferta da prestação pelo devedor, mas o credor, se ausenta, declara de antemão que não quer recebê-la, ou a recusa injustamente. Recusa injusta é aquela ilegal ou feita sem motivo.

Embora essas situações façam presumir culpa do credor, a doutrina considera irrelevante apurar a culpa ou não do credor para caracterizar sua mora.

2.2.3 Efeitos da mora do credor (CC, art. 400)

A mora do credor isenta o devedor da responsabilidade de conservar o bem, objeto da prestação. Desse modo, ocorre o afrouxamento do dever de vigilância do devedor no concernente à conservação da coisa. O devedor só responde por dolo.

A mora do credor o obriga a ressarcir o devedor pelas despesas empregadas na conservação da coisa, classificadas como imprescindíveis como a alimentação de animais, ou como a necessidade de defesa judicial ou extrajudicial da coisa. Ela ainda o sujeita a receber a coisa pela estimativa mais favorável ao devedor, se o seu valor oscilar entre a data de início da mora e a efetivação do pagamento. Em outras palavras, esta regra obriga o credor moroso a receber a coisa conforme o preço mais favorável à outra parte.

2.2.4 Purgação da mora do credor

O credor purga a mora ao receber a prestação, devendo sujeitar-se aos seus efeitos até a mesma data (CC, art. 401, II).

Capítulo 13
INADIMPLEMENTO

1. Conceito. 2. Espécies de inadimplemento: 2.1 Inadimplemento não imputável ao devedor (não culpável): 2.1.1 Efeitos da impossibilidade da prestação não imputável ao devedor – 2.2 Incumprimento imputável ao devedor – 2.3 Outras opções a cargo do credor – 2.4 Cumprimento defeituoso: 2.4.1 Noção – 2.4.2 Dificuldades – 2.4.3 Conseqüências.

1. Conceito

O descumprimento, o inadimplemento ou não cumprimento de uma obrigação (expressões sinônimas) é a situação objetiva de não realização da prestação devida. Abstrai-se, num primeiro momento, do motivo do descumprimento da obrigação.

O descumprimento resulta na insatisfação do credor pela não realização da conduta à qual se obrigara o devedor ou por sua realização de modo incompleto ou desconforme. Essa insatisfação do credor pode ser temporária ou reversível. Nessa hipótese, denominamos o descumprimento de relativo ou de mora, expressão mais corriqueira, instituto já estudado no capítulo anterior. A insatisfação do credor definitiva é que estudamos sob a denominação de descumprimento absoluto.

O descumprimento absoluto resulta na impossibilidade (ou recusa) de prestar (efetuar a prestação) e distingue-se da mera dificuldade de prestar. A onerosidade elevada ou o cumprimento excessivamente difícil não se confunde com o descumprimento, embora, muitas vezes, seja o motivo que leve o devedor a descumprir a obrigação, ao inadimplemento.

A impossibilidade resultante do descumprimento que nos interessa é a impossibilidade superveniente à celebração da obrigação, pois a impossibilidade originária acarreta a nulidade da obrigação.

A impossibilidade de prestar, de acordo com classificação feita pela doutrina, pode ser *objetiva* e, nesse caso, a impossibilidade se estende a toda e qualquer pessoa (*e.g.*, o Governo brasileiro impediu a importação de veículos; logo, nenhuma pessoa poderá cumprir a obrigação de entregar um veículo importado novo ao credor); ou pode ser *subjetiva*, isto é, diz respeito apenas ao devedor (a prestação pode ser cumprida por outra pessoa, mas não pelo devedor, *e.g.*, o devedor teve cassada sua licença para importar veículos).

A dúvida que se coloca é se, para que a obrigação se extinga, basta que a prestação seja impossível para o devedor ou será ainda necessário que a impossibilidade se estenda a toda e qualquer pessoa?

A solução depende da natureza da obrigação. Se a prestação for infungível, isto é, só pode ser prestada pelo devedor, basta a impossibilidade subjetiva para que a obrigação se extinga. Se a prestação for fungível, somente a impossibilidade objetiva constitui causa extintiva do vínculo.

2. Espécies de inadimplemento

O descumprimento absoluto, enquanto designação genérica, encobre diversas situações. Classificando-o sob os motivos ou as razões que levam o devedor a descumprir a prestação à qual estava obrigado, o descumprimento divide-se em não imputável (não culpável) e em imputável (culpável) ao devedor.

2.1 Inadimplemento não imputável ao devedor (não culpável)

Inadimplemento não imputável é aquele que não pode ser atribuído ao devedor. É o inadimplemento alheio à conduta do devedor. Quer dizer, o descumprimento da prestação não pode ser atribuído a ato comissivo ou omissivo do devedor.

O inadimplemento inimputável pode ocorrer por diversas causas: (a) por fato sem culpa do devedor; (b) em razão de circunstâncias definidas legalmente como caso fortuito ou de força maior; (c) por um fato imputável ao credor; (d) por um fato relativo ao credor, mas sem que ele concorra para sua verificação ou porque o fim da prestação é obtido por outra via que não o cumprimento da obrigação.

Vejamos mais detidamente as hipóteses acima:

A) *Por fato sem culpa do devedor.* Nesse caso a prestação se impossibilita por fato sem culpa do devedor, isto é, o devedor não contribui para a impossibilidade da prestação. Para alguns, a ausência de culpa não se confunde com caso fortuito ou força maior, enquanto, para outros, o fato ocorrido sem culpa do devedor equivale a caso fortuito ou força maior.

B) *Por caso fortuito e força maior.* Caso fortuito e força maior não são fatos distintos. As expressões são sinônimas e expressam fatos inevitáveis, não imputáveis ao devedor, que impossibilitam total ou parcialmente o cumprimento da obrigação.

O Código Civil não distingue entre caso fortuito e força maior. São termos equivalentes. Às vezes o Código Civil usa somente a expressão "caso fortuito" e outras vezes a expressão "força maior". Ele as conceitua no art. 393, parágrafo único: "o caso fortuito ou de força maior verifica-se no fato necessário, cujos efeitos não era possível evitar ou impedir". Assim, "fato necessário" corresponde ao acaso, ao destino, à providência, isto é, fato que não foi provocado pelo devedor, e cujos efeitos inevitáveis não se pode evitar ou não se pode impedir.

Duas correntes tentam conceituar "caso fortuito": a objetiva, para quem o caso fortuito exige a impossibilidade ou a irresistibilidade do evento, tão-somente; e a subjetiva, que equipara ou iguala o caso fortuito à não culpa.

No entanto, o mais evitável e previsível dos fatos pode constituir caso fortuito desde que não haja culpa do agente. O caso fortuito pressupõe a ausência de culpa do devedor, ou seja, o fato não deve provir de ato culposo do devedor, nem o devedor deve culposamente expor-se aos seus efeitos ou agravar-lhe as conseqüências. Pressupõe, também, a inevitabilidade. A inevitabilidade é objetiva, abstrata; não se preocupa com as particularidades do devedor. O fato seria inevitável para qualquer homem que se encontrasse em idênticas circunstâncias. A inevitabilidade decorre da imprevisibilidade do acontecimento, isto é, o fato ocorre de modo súbito e inesperado e, portanto, torna-se inevitável ou decorre da irresistibilidade do acontecimento, isto é, ele é previsível, mas irresistível.

Transcrevemos abaixo alguns exemplos admitidos ou não como caso fortuito pela jurisprudência.

Casos aceitos pela jurisprudência como sendo de caso fortuito:

1. O disparo de arma de fogo efetuado por pessoa que se encontrava às margens de ferrovia causador da morte de passageiro no interior da composição exime o transportador de responsabilidade pelo dano. A responsabilidade da ferrovia restringe-se à segurança do transporte, não abrangendo fato de terceiro, estranho ao contrato, imprevisível e inevitável, equiparado a caso fortuito. Na hipótese, desaparece qualquer relação de causalidade entre o comportamento do indigitado responsável e a vítima, não havendo se falar em indenização (*RT* 642/150).

2. Via rodoviária. Responsabilidade civil do transportador. Ferimentos em passageiro causados por pedra arremessada por pessoa que se encontrava fora do veículo. Falta de prova da freqüência de tais atentados no trecho em que ocorrido o evento. Fato de terceiro, estranho ao transporte, imprevisível e inevitável. Equiparação a caso fortuito. Inexistência, portanto, de culpa, nem mesmo presumida. Exoneração da responsabilidade. Indenização não devida (*RT* 643/219).

3. Em acidente de trânsito com colisão múltipla de veículos, não há como imputar qualquer grau de culpa ao réu causador direto do dano que esteja em situação de mero instrumento ou projétil da ação culposa do terceiro. Pois, demonstrada pelo réu a culpa do terceiro, equiparável ao caso fortuito, ter-se-á como excluída a sua responsabilidade por eventuais danos causados ao veículo do autor (*RT* 646/120).

4. Considera-se causa estranha ao transporte, equiparável ao caso fortuito, assalto praticado dentro do ônibus durante a viagem quando tal incidente não for freqüente, o que exime a empresa transportadora do pagamento da indenização para ressarcimento dos prejuízos sofridos pelo passageiro (*RT* 660/126).

Casos não aceitos pela jurisprudência como caso fortuito

1. Defeito no sistema de freios do veículo não constitui fato imprevisto e excludente de responsabilidade de seu proprietário. Demonstra, em princípio, negligência na sua conservação, por falta de revisões periódicas (*RT* 667/165).

2. Não podem ser reputados como força maior ou caso fortuito os defeitos mecânicos ocorridos em veículos automotores e decorrentes de manutenção deficiente (*RT* 669/174).

C) *Impossibilidade da prestação por fato do credor.* Nessa hipótese, a impossibilidade resulta de um ato censurável ou reprovável do credor (o credor intencionalmente ou culposamente contribuiu para inutilidade ou desaparecimento do objeto da prestação).

D) *Impossibilidade resulta de um fato relativo ao credor, mas sem que ele concorra para sua verificação ou o fim da prestação é obtido por outra via, que não o cumprimento da prestação.* Há situações em que a impossibilidade resulta não de um ato do credor, mas de ato ou fato próximo ao credor, relacionado com ele. Outras vezes, o fim da prestação é obtido por outro modo que não o cumprimento da prestação, muito embora o devedor estivesse predisposto a cumprir a prestação.

Essas situações estão exemplificadas a seguir e ganham importância nas obrigações bilaterais, nas quais o devedor tem o direito a receber uma contraprestação do credor.

A questão é se o devedor, na hipótese (D) acima, tem o direito a exigir do credor a contraprestação correspondente? Ex.: O doente a quem o cirurgião deveria operar morre; o doente a quem o cirurgião deveria operar cura-se; o barco a quem o rebocador ia salvar afunda; o barco a quem o rebocador ia salvar, desencalha por ação das águas; o carro a quem o guincho ia socorrer, não apresenta mais o defeito.

2.1.1 *Efeitos da impossibilidade da prestação não imputável ao devedor*

Todas as hipóteses acima tratadas versam sobre o descumprimento não culposo ou inimputável ao devedor. Por apresentarem um mínimo denominador comum têm também efeitos comuns a todas.

Um efeito comum a todas as espécies de impossibilidade da prestação não imputável ao devedor é a *extinção da obrigação com a perda*, pelo credor, *do direito de exigir a prestação e de ser indenizado dos danos provenientes do não cumprimento.*

Podemos enumerar como exceção a essa regra, ao menos teoricamente, a vantagem, o interesse da representação, instituto positivado no art. 794 do Código Civil português, cuja transcrição abaixo ajuda a compreendê-lo: "Se, por virtude do fato que tornou impossível a prestação, o devedor adquirir algum direito sobre certa coisa, ou contra terceiro, em substituição do objeto da prestação, pode o credor exigir a prestação dessa coisa, ou substituir-se ao devedor na titularidade do direito que este tiver adquirido contra terceiro".

Outro efeito comum é a *perda do direito do devedor à contraprestação* caso, originariamente, existir esse direito. Tal efeito se manifesta nas situações "A" e "B", descritas acima.

Se a obrigação for bilateral e a *impossibilidade da prestação não for imputável ao credor*, ele fica desobrigado da prestação. *Há a perda do direito à contraprestação* pelo devedor.

Se a *impossibilidade* da prestação decorre da *culpa do credor* (hipótese "C"), ele não fica desobrigado da contraprestação e, assim, *não há a perda do direito à contraprestação pelo devedor*.

Analisemos agora a *perda do direito à contraprestação na hipótese* "D". Se a impossibilidade da prestação não decorre da culpa do credor, mas de um fato relativo a ele ou se o fim da prestação é obtido por outra via que não o cumprimento da obrigação perde o devedor o direito à contraprestação? A questão é delicada já que o devedor, na realidade, tinha condições de realizar o comportamento devido. Deve, então, ter assegurado o direito à contraprestação? Para Antunes Varella: "nos casos de frustração do fim da prestação ou de consecução por outra via da prestação em que a impossibilidade da prestação procede de uma causa ligada à pessoa ou aos bens do credor, embora não imputável a este, deve-se reconhecer ao devedor não o direito a contraprestação, mas o de ser indenizado, quer das despesas que fez, quer do prejuízo que sofreu".[1]

2.2 Incumprimento imputável ao devedor

Tratemos agora do incumprimento imputável ao devedor. Nesse, ocorre o descumprimento da prestação por ato imputável ao devedor, que age com dolo ou culpa.

O descumprimento definitivo por ilícito imputável ao devedor surge quando:

a) no momento da prestação esta não seja realizada pelo devedor, impossibilitando-se de seguida;

b) por força da sua não realização ou do atraso na prestação, o credor perca o interesse objetivo na sua efetivação;

---

1. Antunes Varela, *Das Obrigações em Geral*, p. 82.

c) havendo mora do devedor ele não cumpre a obrigação no prazo que razoavelmente lhe foi fixado pelo credor.

A principal conseqüência do descumprimento imputável ao devedor é o dever de indenizar o prejuízo causado ao credor.

Os *pressupostos* desta *obrigação de indenizar* são:

i) *A ilicitude*. O descumprimento da prestação deve ser considerado contrário ao direito. O descumprimento afigura-se como desconforme ao comportamento devido, que é justamente o cumprimento da prestação. Isto quer dizer que nem todo descumprimento da prestação é ilícito, contrário ao direito. Há casos em que o descumprimento é admitido no ordenamento jurídico como, por exemplo, a exceção de não cumprimento do contrato, prevista no art. 476 do CC e o direito de retenção, previsto no art. 1.219 do CC, que permite ao detentor da coisa, obrigado a entregá-la a seu dono, não cumprir (licitamente) a sua obrigação de entrega, enquanto não for pago das despesas que fez com a coisa ou dos danos que ela lhe causou.[2]

ii) *A culpa*. O descumprimento decorre de ato ilícito imputável ao devedor, doloso ou culposo. De acordo com posição doutrinária majoritária, a responsabilidade contratual funda-se na culpa, entendida em sentido amplo, de modo que a inexecução culposa da obrigação se verifica quer pelo seu descumprimento intencional, quando há o intuito de prejudicar o credor (dolo), quer pelo inadimplemento da obrigação de prestar, sem o intuito de prejudicar, mas manifesto comportamento negligente ou imprudente. Agir com *culpa* representa que a conduta do devedor é pessoalmente *censurável* ou *reprovável*. Essa censura ou reprovabilidade baseia-se no reconhecimento, perante as circunstâncias do caso, de que o obrigado não só devia como podia ter agido de outro modo. A culpa (em sentido amplo, culpa e dolo) apresenta-se, assim, como um pressuposto para a responsabilização do devedor pelo descumprimento, muito embora deva ser registrada a dissidência de Michele Giorgianni, que limita a noção de descumprimento ao estado objetivo da insatisfação do credor.[3] Há diferença entre quem descumpre

---

2. Três requisitos fundamentais devem estar presentes no direito de retenção: licitude da detenção da coisa; reciprocidade de créditos; conexão substancial entre a coisa retida e o crédito do autor da retenção.

3. Araken de Assis, *Resolução do Contrato por Inadimplemento*, p. 92.

uma obrigação voluntariamente, dolosamente e quem a descumpre culposamente. O descumprimento doloso indica uma relação mais forte entre o comportamento ilícito e a vontade do devedor. Entretanto, essa diferença não interfere no montante da indenização. Fixada a culpa do devedor, a sua intensidade não irá repercutir no montante da indenização devida ao credor. Descabida, portanto, qualquer majoração da indenização pelo simples fato de o devedor ter se comportado dolosamente (CC, art.403).

iii) *A presunção de culpa*. O credor não tem o ônus de provar a culpa do devedor. Na inexecução da obrigação, o credor tem que demonstrar o seu descumprimento. Cabe ao devedor provar que não agiu com culpa para eximir-se da responsabilidade. Aqui há diferença entre a responsabilidade extracontratual e a contratual. Na responsabilidade extracontratual cabe à vítima, como regra, a prova da culpa do autor do ilícito. Na responsabilidade contratual, cabe ao devedor provar que a falta de cumprimento ou cumprimento defeituoso não procede de culpa sua. Essa regra da presunção de culpa só é modificada quando se trata de obrigação de não fazer ou de cumprimento defeituoso. Nesses casos, cabe ao credor demonstrar o fato ilícito do não cumprimento, quando da violação de obrigação de não fazer e o defeito no cumprimento, no caso de cumprimento defeituoso. O devedor responde, também, pelos atos dos seus representantes legais ou auxiliares, contanto que o sejam no cumprimento da obrigação.

iv) *O dano*. Obriga o devedor a ressarcir todos os danos causados ao credor. Aqui pressupõe a ocorrência de prejuízos, que podem ser de três tipos: *dano positivo ou emergente*, isto é, a concreta diminuição no patrimônio do credor; *dano negativo ou lucro cessante ou frustrado*, isto é, a privação de ganho razoável e provável em razão do descumprimento; e *dano moral*. Antunes Varela é de opinião de que o credor não pode exigir indenização pelos danos morais que haja suportado com a falta do cumprimento. Segundo ele, estaria se introduzindo no capítulo da responsabilidade contratual um fator de séria perturbação da certeza e segurança do comércio jurídico.[4] Essa concepção está ultrapassada. *A*

---

4. Antunes Varela, *Das Obrigações*..., cit., p. 102.

prova do dano é *dispensável* quando houve a estipulação de cláusula penal, pois a lei presume a ocorrência de danos.

v) *Nexo de causalidade*. O descumprimento pressupõe, também, a existência de nexo de causalidade entre o prejuízo e o descumprimento culposo do devedor. Serão indenizados tão-somente os danos que provirem direta e imediatamente do descumprimento do devedor.

2.3 Outras opções a cargo do credor

Se houver interesse do credor e o tipo de obrigação comportar, ele pode exigir do devedor o cumprimento da obrigação ou a sua execução específica.

Nas obrigações de prestações recíprocas, o descumprimento faculta à outra parte: resolver o contrato; opor a exceção do contrato não cumprido, abstendo-se com isso de efetuar a sua prestação enquanto a outra parte não efetuar a respectiva contraprestação.

A resolução do contrato implica no seu desfazimento com eficácia retroativa e importa na exoneração do credor de efetuar a contraprestação devida ou permite-lhe receber de volta aquilo que ele prestou. Essa possibilidade não exclui o direito de o credor ser indenizado. Mesmo o credor que optar pela resolução do contrato pode pedir indenização. Trata-se de indenização diversa. É a indenização do chamado interesse negativo ou de confiança, isto é, do prejuízo que o credor teve com o fato de se celebrar o contrato, ou, dito de outro modo, do prejuízo que ele não sofreria, se o contrato não tivesse sido celebrado.[5]

---

5. Segundo Antunes Varella, "desde que o credor opte pela resolução do contrato, não faria sentido que pudesse exigir do devedor o ressarcimento do benefício que normalmente lhe traria a execução do negócio. O que ele pretende, com a opção feita, é antes a exoneração da obrigação que, por seu lado, assumiu (ou a restituição da prestação que efetuou) e a reposição do seu patrimônio no estado em que se encontraria, se o contrato não tivesse sido celebrado (interesse contratual negativo).
"Este interesse contratual negativo (tal como o interesse contratual positivo) pode compreender tanto o dano emergente como o lucro cessante (o proveito que o credor teria obtido, se não fora o contrato que efetuou): foi apenas, por ex., por ter empatado todo o seu capital disponível na compra das mercadorias, que A teve de renunciar a uma outra aquisição que lhe teria proporcionado um lucro seguro de certo montante" (*Das Obrigações...*, cit., vol. II, pp. 104 e 105).

2.4 Cumprimento defeituoso

2.4.1 Noção

A doutrina alemã admite, ao lado da falta de cumprimento e da mora, outra forma de violação do dever de prestar conhecida por *violação contratual positiva*. Essa outra forma de violação reside no fato de o dano não se originar da falta ou do atraso na prestação, mas de defeitos, vícios ou irregularidades da prestação efetuada. Não há uma violação negativa do dever de prestar, mas um defeito da prestação.

Há casos, ainda, em que a violação da obrigação de prestar recai sobre alguma prestação acessória e não sobre a obrigação principal. São os chamados deveres laterais da obrigação, como o dever de informar, prestar assistência técnica. Em muitos casos, do cumprimento defeituoso decorre um dano cujas características são diversas daquelas presentes no dano causado por inadimplemento absoluto e relativo. A divergência na conduta devida não se concentra na identidade ou na quantidade da prestação, o que daria lugar a inadimplemento parcial; o descumprimento recobre, no caso, os deveres laterais e acessórios, objeto de anterior exame. Ex.: o médico Paulo diagnostica exatamente a doença do paciente Pedro, mas administra-lhe, dentre os vários tratamentos disponíveis, um penoso ou demorado. O comerciante Pedro convenciona com a agência Beta a confecção de um anúncio luminoso do seu produto. Fabricado conforme a avença, ao invés de colocá-lo em local de intenso movimento de pedestres, a agência instala-o em lugar pouco freqüentado, de sorte que nenhum reflexo teria na venda. Embora o contrato não determinasse o local, o comerciante não pode considerar a prestação satisfatória.[6]

2.4.1 Dificuldades

A resistência em aderir a essa teoria está na dificuldade em diferençá-la da mora e do descumprimento. De fato, se o credor recusa a prestação irregular, há mora; se a rejeita, há inadimplemento.

A distinção ganha importância quando a má prestação não é recusada ou rejeitada pelo credor, mas causa-lhe danos, pois desvaloriza a

---

6. Extraídos da obra *Resolução do Contrato por Inadimplemento*, de Araken de Assis, p. 115.

prestação, impede ou dificulta o fim a que esta objetivamente se encontrava afetada, como é o caso dos exemplos citados acima.

2.4.3 Conseqüências

O cumprimento defeituoso gera a obrigação de o devedor indenizar os danos causados ao credor e, na maioria das vezes, o credor pode exigir a reparação ou substituição da coisa ou a redução da contraprestação.

Capítulo 14
CLÁUSULA PENAL

1. Conceito. 2. Funções da cláusula penal. 3. Pressupostos de incidência da cláusula penal (CC, art. 408). 4. Espécies: 4.1 Cláusula penal moratória – 4.2 Cláusula penal compensatória.

1. Conceito

Cláusula penal é estipulação, livremente pactuada pelas partes, que tem por finalidade reforçar o cumprimento da obrigação mediante a imposição de penalidade à parte que incorrer em mora, inexecução parcial ou total da obrigação. Cuida-se de cláusula acessória que impõe uma sanção econômica contra a parte inadimplente de uma obrigação.

Trata-se de uma promessa condicional de prestação a ser atuada no caso de o devedor não cumprir a prestação ou cumpri-la inadequadamente.

2. Funções da cláusula penal

A cláusula penal desempenha diversas funções no sistema.

Ela pode desempenhar *função ressarcitória*, de pré-fixação do dano e, nesse caso, representa a liquidação preventiva de dano eventual e futuro, a ser produzido ou pelo inadimplemento definitivo ou pela mora (institutos já estudados nos Capítulos XII e XIII). O credor exime-se do ônus de provar a real ocorrência do prejuízo.

Pode desempenhar *função garantista da dívida*, atuando como garantia da obrigação ao reforçar o vínculo pela coação indireta sobre o devedor, de modo a dissuadi-lo do inadimplemento.

Pode também desempenhar *função sancionatória ou punitiva*, configurando verdadeira pena imposta ao devedor.

Pode, por fim, representar *função moratória* ao servir para constranger o cumprimento, passível de acumulação com a obrigação principal.

3. Pressupostos de incidência da cláusula penal (CC, art. 408)

A cláusula penal, para ser aplicada, requer sua estipulação expressa, a mora ou o não cumprimento culposo. A culpa é, portanto, requisito fundamental para a incidência da cláusula penal.

Ela pode ser pactuada em conjunto com a obrigação principal ou em momento posterior, mediante termo aditivo ou outro negócio. No entanto, não pode ser posterior à inexecução da obrigação, pois se situa temporalmente em momento anterior à inexecução da obrigação (CC, art. 409).

4. Espécies

A cláusula penal pode ser estipulada no caso de mora ou no caso de inadimplemento. Temos, então, a *cláusula penal moratória* e a *cláusula penal compensatória*.

4.1 Cláusula penal moratória

A cláusula penal moratória, prevista no art. 411 do CC, fixa uma sanção que incide no caso de ocorrer mora, isto é, o retardo no cumprimento de uma das obrigações assumidas. Como a prestação ainda é útil para o credor, o devedor purga a sua mora ao oferecer, entre outras coisas, o valor estipulado na cláusula penal moratória com o desempenho da obrigação principal.

Essa é uma das características da cláusula penal moratória: a possibilidade de ser exigida cumulativamente com o cumprimento da obrigação principal (CC, art. 411). Apresenta portanto caráter cumulativo.

A cláusula penal moratória tem a finalidade precípua de:

a) funcionar como um estímulo ao devedor para que cumpra com a obrigação no tempo e modo pactuados;

b) punir o devedor moroso.

Entretanto, ela encontra limites na abusividade, pois não pode ser excessiva.

4.2 Cláusula penal compensatória

A cláusula penal compensatória incide:

a) no caso de inadimplemento total da obrigação;

b) no caso do inadimplemento de algumas cláusulas especiais. Nessa hipótese, o credor deverá escolher se quer receber a prestação ou se prefere receber o que foi estipulado na cláusula penal compensatória.

Não é possível cumular o pedido de cumprimento da prestação ou mesmo o pagamento de perdas e danos com o pedido de pagamento da pena fixada na cláusula penal compensatória. O credor terá então que optar, já que não existe cumulatividade (CC, art. 410). Cuida-se, portanto, de uma alternativa à disposição do credor, que terá que escolher entre exigir a obrigação principal ou a pena.

A cláusula penal compensatória tem por finalidade funcionar como uma forma pré-fixada de perdas e danos, de modo que, ocorrendo o inadimplemento, o credor poderá optar em receber o valor fixado na cláusula penal a título de indenização por perdas e danos, ganhando tempo com isso, na medida em que ficará dispensado da prova do prejuízo e do seu montante (CC, art.416), com base no princípio da dispensa de alegação do prejuízo. Pode o credor, querendo, e desde que expressamente previsto, pleitear indenização suplementar, devendo, no caso, provar que o valor estipulado na cláusula penal foi insuficiente para ressarcir os seus prejuízos (CC, art. 416, parágrafo único). A cláusula penal, nesse caso, converte-se no mínimo de indenização, cabendo ao credor provar o prejuízo suplementar.

O Código Civil limita o valor arbitrado para a cláusula penal compensatória. Ela não pode exceder o valor da obrigação principal (CC, art. 412). A lei permite ao magistrado reduzir o valor imposto na cláusula penal caso o devedor demonstre ter cumprido em parte a obrigação que lhe foi imposta ou ser excessiva (CC, art. 413). Trata-se, portanto, de um princípio da justiça corretiva que possibilita ao magistrado, de ofício, reduzir a cláusula penal não apenas quando houver cumprimento parcial da obrigação, mas quando a pena estipulada mostrar-se excessiva no momento do inadimplemento da prestação. O referido artigo permite ao juiz que reduza a pena, mas não que a suprima.

A cláusula penal estipulada em *obrigação indivisível* será devida por todos os devedores, mas o seu valor integral será exigido do devedor culpado pela sua incidência. Os devedores inocentes somente poderão ser demandados por sua quota no valor da cláusula penal. Eles terão, no entanto, ação regressiva contra o devedor que deu causa à aplicação da pena (CC, art. 414).

A cláusula penal estipulada em *obrigação divisível* será devida apenas pelo devedor culpado pela sua incidência e proporcionalmente à sua parte na obrigação (CC, art. 415).

Capítulo 15
DAS ARRAS OU SINAL

1. Conceito. 2. Mudanças do Código Civil de 2002. 3. Espécies de arras: 3.1 Arras confirmatórias – 3.2 Arras penitenciais.

1. Conceito

Arras, ou sinal, é clausula acessória do negócio jurídico que se aperfeiçoa com a entrega de coisa fungível ou dinheiro, por um a outro contratante, em firmeza do negócio. De acordo com Washington de Barros Monteiro, "Sinal ou arras é a quantia em dinheiro, ou outra coisa fungível, entregue por um a outro contratante, a fim de assegurar o pontual cumprimento da obrigação".[1] No mesmo sentido, Guilherme Calmon Nogueira da Gama, para quem "as arras ou o sinal representam uma certa importância em dinheiro ou uma certa quantidade de coisa, dada por um contratante ao outro, no momento da conclusão do contrato, com a finalidade de firmar a presunção do acordo final entre os interessados, tornando obrigatório o ajuste entre eles, ou ainda assegurando aos contratantes o direito de arrependimento".[2]

As arras, ou sinal, desempenharam diferentes funções ao longo do tempo. Conforme lição de Judith Martins Costa, podemos, da tradição histórica, vislumbrar quatro funções cometidas às arras ou ao sinal, entre elas, a confirmatória do negócio; a de adimplemento (princípio de pagamento da obrigação estatuída); de efeito da resolução imputável e

---

1. *Curso de Direito Civil – Direito das Obrigações*, 1ª Parte, p.357.
2. *Direito Civil – Obrigações*, p. 402.

culposa e possibilidade de lícito arrependimento do negócio, se assim ajustado.³

2. Mudanças do Código Civil de 2002

O Código Civil de 2002 situou o instituto em questão no título "Do inadimplemento das obrigações", após o tratamento da cláusula penal, pela proximidade desses institutos. Retirou-o da disciplina dos contratos, onde estava alocado no Código Civil de 1916, e sinalizou que as arras podem ser inseridas em negócios unilaterais, como a declaração de promessa de recompensa ou outra declaração unilateral de vontade.⁴

O Código Civil de 1916, no art. 1.094, privilegiava a função confirmatória do negócio das arras. A função de adimplemento era uma função secundária ou residual prevista no art. 1.096. Já o Código Civil de 2002 privilegia a função de adimplemento. De tal modo, as arras constituem começo de pagamento. Isso ocorrerá quando elas forem dadas em dinheiro ou em bens móveis do mesmo gênero da obrigação principal. Assim dispõe o art. 417: "Se, por ocasião da conclusão do contrato, uma parte der à outra, a título de arras, dinheiro ou outro bem móvel, deverão as arras, em caso de execução, ser restituídas ou computadas na prestação devida, se do mesmo gênero da principal".⁵

3. Espécies de arras

Não obstante as quatro funções atribuídas às arras, a doutrina, de um modo geral, classifica as arras ou o sinal em duas espécies: *arras confirmatórias* e *arras penitenciais*.

3.1 Arras confirmatórias

As arras confirmatórias, como o nome indica, representam o sinal de confirmação do negócio e, por isso, objetivam garantir e reforçar o vínculo obrigacional. É por essa razão que o sinal é dado a título de

---

3. *Comentários ao Novo Código Civil. Do Inadimplemento das Obrigações*, vol. V, t. II, p. 489.
4. Judith Martins-Costa, *Comentários*..., cit., p. 487.
5. Judith Martins-Costa, *Comentários*..., cit., p. 491.

princípio de pagamento e deverá ser computado na prestação devida, se do mesmo gênero, ou restituído se de gênero diverso da prestação principal, conforme preceitua o art. 417 do CC. Nesta hipótese, segundo lição de Washington de Barros Monteiro, primordial é a confirmação do negócio. A entrega do sinal indica a conclusão do contrato. Antes de sua entrega, permanecem as negociações no abstrato terreno da policitação; mas, entregue o sinal, provado está o acordo de vontades e o contrato se reputa ultimado, não mais sendo lícito a qualquer dos contratantes rescindi-lo unilateralmente.[6]

A função confirmatória das arras ou sinal revela-se, também, pelo exame da última parte do art. 419 do CC, que faculta à parte inocente exigir a execução do contrato. Assim, firmado o negócio pela entrega de arras confirmatórias, a parte inocente pode, desde que possível à modalidade de obrigação pactuada, discordar do arrependimento da outra parte e exigir judicialmente a execução específica do contrato. As arras, nesse caso, valem como o "mínimo de indenização" pelos prejuízos resultantes da inexecução.

Outra função pode ser atribuída às arras confirmatórias: a de prévia determinação das perdas e danos pelo descumprimento das obrigações assumidas, conforme revela o art. 418 do CC, que trata das arras conseqüentes à não-execução imputável e culposa do negócio a que se visou garantir mediante sua dação. Ele dispõe sobre os efeitos da inexecução (imputável e culposa) do contrato quer por quem deu as arras, quer por quem as recebeu. Assim, o termo *arras*, no sentido acolhido pelo art. 418, designa a *eficácia da dação* ou *do recebimento* de arras, na hipótese de descumprimento do contrato a que se visou garantir.[7]

Dadas as arras, entende-se que o contrato está firmemente ajustado, tanto que o bem dado em arras é tido como início de adimplemento, se for do mesmo gênero da prestação principal. A conseqüência é que o contrato *deve ser executado*. Se não o for, o art. 418 promove a especificação dos critérios reitores da inexecução contratual, no que concerne à dação das arras.[8]

Se houve a inexecução culposa do contrato por parte de quem *deu as arras*, a outra parte fica liberada, retendo as arras dadas. A perda das

6. *Curso de Direito Civil – Direito das Obrigações*, cit., p. 358.
7. Judith Martins-Costa, *Comentários...*, cit., p. 499.
8. Judith Martins-Costa, *Comentários...*, cit., p. 500.

arras, nesse caso, tem o caráter de penalidade, como contrapartida à inexecução culposa. Se, por outro lado, houve a inexecução culposa do contrato por parte de quem *as recebeu*, a parte que as deu fica liberada da obrigação, podendo exercer o direito de exigir a sua devolução mais o equivalente, que significa que as arras deverão ser devolvidas em dobro, atualizado o valor monetariamente, segundo índices oficiais regularmente estabelecidos, juros e honorários de advogado. Não há, nesse caso, necessidade de provar o prejuízo.

A primeira parte do art. 419 do CC possibilita, ainda, à parte inocente o ressarcimento do dano resultante da inexecução contratual, desde que o valor do dano seja superior ao que foi coberto pelas arras, matéria de prova a cargo de quem alega o fato. As arras funcionam como "taxa mínima" de indenização a ser paga e a ser suplementada por via de determinação judicial em razão da prova do dano.[9]

3.2 Arras penitenciais

Nas arras penitenciais, com a entrega do sinal, as partes pactuam, também, o direito de arrependimento, isto é, por meio de cláusula contratual se atribui aos negociantes o poder de revogar unilateralmente o negócio. A devolução simples ou em dobro das arras configuram pena ou multa convencional a ser paga pelo exercício do direito de resolver unilateralmente o negócio. Assim, o art. 420 trata de uma função residual das arras que é a de permitir o arrependimento.

A cláusula de arrependimento, se exercida, extingue o contrato. Em conseqüência, haverá a perda das arras se quem se arrependeu for quem as deu, ou a devolução em dobro, se o arrependido for quem as recebeu. As arras, nesse caso, terão função unicamente indenizatória, eis que afastado, para ambos os contraentes, o direito à indenização suplementar.

---

9. Judith Martins-Costa, *Comentários...*, cit., p. 507.

BIBLIOGRAFIA

ALVES, José Carlos Moreira. *Direito Romano*. 6ª ed. Rio de Janeiro, Forense, 1997.

ANTUNES VARELA, João de Matos. *Das Obrigações em Geral*. 9ª ed. Coimbra, Almedina, 1996.

ASSIS, Araken de. *Resolução do Contrato por Inadimplemento*. 2ª ed. São Paulo, Ed. RT.

BEVILAQUA, Clovis. *Código Civil dos Estados Unidos do Brasil Comentado*. Rio de Janeiro, Freitas Bastos.

_____. *Direito das Obrigações*. Rio de Janeiro, Freitas Bastos.

CARVALHO DE MENDONÇA, Manoel Inácio. *Doutrina e Prática das Obrigações*, vol. 1. Rio de Janeiro, Freitas Bastos.

COELHO, Fábio Ulhoa. *Curso de Direito Civil*. São Paulo, Saraiva, 2003.

CORDEIRO, António Menezes. *Direito das Obrigações*, vol. I. Coimbra, Almedina.

COUTO e SILVA, Clóvis Veríssimo do. *A Obrigação como Processo*. Rio de Janeiro, FGV Editora, 2006.

DANTAS, San Tiago. *Programa de Direito Civil*, vol. II. Edição histórica, taquigrafada por Victor Bourhis Jürgens, revista e atualizada por Gustavo Tepedino e outros. 3ª ed. Rio de Janeiro, Forense, 2001.

DINIZ, Maria Helena. *Curso de Direito Civil Brasileiro*, vol. 2: *Teoria Geral das Obrigações*. 22ª ed. São Paulo, Saraiva.

_____. *Comentários ao Código Civil*. São Paulo, Saraiva.

GAMA, Guilherme Calmon Nogueira da. *Direito Civil – Obrigações*. São Paulo, Atlas.

GIORIANNI, Michele. *La Obligación. La Parte General de las Obligaciones*. Barcelona, Bosch, 1958.

GOMES, Orlando. *Obrigações*. 8ª ed. Rio de Janeiro, Forense,

GONÇALVES, Carlos Roberto. *Direito Civil Brasileiro*, vol. II: *Obrigações*. São Paulo, Saraiva, 2003.

LIMONGI FRANÇA, Rubens. "Obrigações", in *Enciclopédia Saraiva de Direito*. São Paulo, Saraiva.

MARTINS-COSTA, Judith. *A Boa-Fé no Direito Privado*. São Paulo, Ed. RT, 1999.

_____. *Comentários ao Novo Código Civil*, vol. V, t. I: *Do direito das obrigações, do adimplemento e da extinção das obrigações*; e t. II: *Do inadimplemento das obrigações*. Rio de Janeiro, Forense, 2003.

MONTEIRO, Washington de Barros. *Curso de Direito Civil*, vol. 4, *Direito das Obrigações*, 1ª parte. Ed. atualizada por Carlos Alberto Dabus Maluf, Saraiva.

NONATO Orosimbo. *Curso de Obrigações*, vols. I e II. Rio de Janeiro, Forense.

NORONHA, Fernando. *Direito das Obrigações*, vol. 1. São Paulo, Saraiva, 2003.

PEREIRA, Caio Mário da Silva. *Instituições de Direito Civil*, vol. II. Rio de Janeiro, Forense, 2003.

PONTES DE MIRANDA, F. C. *Tratado de Direito Privado*, t. XXII (Parte Especial). Atualizado por Vilson Rodrigues Alves. Campinas, Bookseller, 1999.

POPP, Carlyle. *Execução de Obrigação de Fazer*. Curitiba, Juruá, 1995.

PUIG BRUTAU, José. *Fundamento de Derecho Civil*, t. I, vol. II: *Derecho General de las Obligaciones*. 4ª ed. Barcelona, Bosch.

ROCHA, Silvio Luís Ferreira da. *Curso Avançado de Direito Civil*, vol. 3: *Contratos*. São Paulo, Ed. RT, 2002.

RODRIGUES, Silvio. *Direito Civil*, vol. II: *Parte Geral das Obrigações*. 22ª ed. São Paulo, Saraiva, 1991.

SERPA LOPES, Miguel Maria. *Curso de Direito Civil*, vol. II. Rio de Janeiro, Freitas Bastos.

SILVA, João Calvão. *Cumprimento e Sanção Pecuniária Compulsória*. Coimbra, 1997.

SILVA, Jorge César Ferreira da Silva. *A Boa-Fé e a Violação Positiva do Contrato*. São Paulo, Renovar.

_____. *Adimplemento e Extinção das Obrigações*. São Paulo, Ed. RT.

_____. *Inadimplemento das Obrigações*. São Paulo, Ed. RT.

VENOSA, Silvio de Salvo. *Direito Civil – Teoria Geral das Obrigações e Teoria Geral dos Contratos*. 8ª ed. São Paulo, Atlas.

WESTERMANN, Harm Peter. *Código Civil Alemão. Direito das Obrigações. Parte Geral*. Porto Alegre, Sergio Antonio Fabris, 1983.

* * *